COMUNICAÇÃO EM INTERFACE COM CULTURA

COMUNICAÇÃO EM INTERFACE COM CULTURA

Marlene Marchiori (org.)

Copyright © 2013 Difusão Editora e Editora Senac Rio de Janeiro. Todos os direitos reservados. Proibida a reprodução, mesmo que parcial, por quaisquer meio e processo, sem a prévia autorização escrita da Difusão Editora e da Editora Senac Rio de Janeiro.

ISBN: 978-85-7808-113-3
Código: COFAV1T2E1I1

Editoras: Michelle Fernandes Aranha e Karine Fajardo
Gerente de produção: Genilda Ferreira Murta
Coordenador editorial: Neto Bach
Assistente editorial: Karen Abuin
Copidesque: Jacqueline Gutierrez
Revisão: Cláudia Amorin
Capa: Elisabete Yunomae (Visualitá)
Ilustrações de capa: Detalhe da obra "Passeio à tarde" – 2012, do artista plástico José Gonçalves (www.josegoncalves.art.br)
Projeto gráfico e editoração: Roberta Bassanetto (Farol Editorial e Design)

Dados Internacionais de Catalogação na Publicação (CIP)
(Câmara Brasileira do Livro, SP, Brasil)

Comunicação em interface com cultura / Marlene Marchiori (org.). -- São Caetano do Sul, SP: Difusão Editora, 2013; Rio de Janeiro : Editora Senac Rio de Janeiro, 2013. -- (Coleção faces da cultura e da comunicação organizacional; 1)

Vários autores
Bibliografia.
ISBN 978-85-7808-102-7 (obra completa)
ISBN 978-85-7808-113-3 (v. 1)

1. Comunicação e cultura 2. Comunicação nas organizações 3. Cultura organizacional I. Marchiori, Marlene. II. Série.

13-11094   CDD-658.45

Índices para catálogo sistemático:
1. Cultura e comunicação organizacional : Administração 658.45

Impresso no Brasil em novembro de 2013.

SISTEMA FECOMÉRCIO-RJ
SENAC RIO DE JANEIRO
Presidente do Conselho Regional: Orlando Diniz
Diretor-Geral do Senac Rio de Janeiro: Eduardo Diniz
Conselho Editorial: Eduardo Diniz, Ana Paula Alfredo, Marcelo Loureiro, Wilma Freitas, Manuel Vieira e Karine Fajardo

Editora Senac Rio de Janeiro
Rua Pompeu Loureiro, 45/11º andar – Copacabana
CEP 22061-000 – Rio de Janeiro – RJ
comercial.editora@rj.senac.br | editora@rj.senac.br
www.rj.senac.br/editora

Difusão Editora
Rua José Paolone, 70 – Santa Paula
CEP 09521-370 São – Caetano do Sul – SP
difusao@difusaoeditora.com.br – www.difusaoeditora.com.br
Fone/fax: (11) 4227-9400

Dedico esta coleção
a minha filha Mariel.

Sumário

Agradecimentos.. 9

Sobre os autores 11

Apresentação da coleção 19

Apresentação da face.. 25

Ensaio – Cultura: faces e interfaces.................................. 33

Capítulo 1 – Comunicação e comunicologia:
      pensando no espaço conceitual da comunicação........... 39
      Jesús Galindo Cáceres

Capítulo 2 – Dilemas e tensões do conceito de cultura 61
      Livia Barbosa

Capítulo 3 – Organização da cultura e cultura das organizações 75
      Lucrécia D'Alessio Ferrara

Capítulo 4 – Comunicação e cultura:
      relações reflexivas em segundo grau............................. 89
      Vera R. Veiga França

Capítulo 5 – Cultura e comunicação organizacional:
      uma perspectiva de inter-relacionamento 101
      Marlene Marchiori

Capítulo 6 – Abordagens da comunicação para
a cultura organizacional 117
Joann Keyton
Ryan S. Bisel
Amber S. Messersmith

Capítulo 7 – Comunicação organizacional:
conceitos e dimensões dos estudos e das práticas....... 129
Margarida M. Krohling Kunsch

Capítulo 8 – Revendo valores no ambiente organizacional 153
Paulo Nassar

Capítulo 9 – Grupos de pesquisa em relações públicas e
comunicação organizacional: temáticas adotadas
nas instituições de ensino superior 163
Cláudia Peixoto de Moura
Victor Márcio Laus Reis Gomes

Estudo de caso 1 – Comunicação interna na Vale:
o desafio em um contexto internacional 181
Paulo Henrique Leal Soares
Mirka Schreck

Estudo de caso 2 – A estratégia de internacionalização da
comunicação da Gerdau.. 197
Renato Gasparetto

Roteiro para análise da face 209
Marlene Marchiori

Agradecimentos

Obrigada pelo envolvimento, pelo aprendizado e pelas contribuições de cada autor, pesquisador, colega e executivo de comunicação, pessoas que possibilitaram tornar a coleção *Faces da cultura e da comunicação organizacional* instigante e desafiadora.

Dirijo meu reconhecimento e agradecimento especial aos orientadores Mike Featherstone, Patrice M. Buzzanell, Sergio Bulgacov e Sidineia Gomes Freitas, os quais marcaram minha trajetória. Sou grata ainda à dedicação de Ana Luisa de Castro Almeida e ao apoio dos colegas Eda Castro Lucas de Souza, Eni Orlandi, Fabio Vizeu, Ivone de Lourdes Oliveira, Miguel L. Contani, Paulo Nassar, Regiane Regina Ribeiro, Suzana Braga Rodrigues, Vera R. Veiga França e Wilma Vilaça, e dos alunos de pós-graduação e de iniciação científica dos grupos de pesquisa que lidero.

Agradeço ao empresário Luiz Meneghel Neto e à executiva Michelle Fernandes Aranha – que, com visões empreendedoras, sempre acreditaram e incentivaram o desenvolvimento dos estudos nesse campo –, e ao apoio e ao envolvimento das equipes da Difusão Editora e da Editora Senac Rio de Janeiro.

Sobre os autores

Amber S. Messersmith

Ph.D. pela Universidade do Kansas e professora assistente do departamento de Comunicação da Universidade de Nebraska em Kearney, nos Estados Unidos. Seus interesses de pesquisa e ensino concentram-se nas áreas de Cultura Organizacional e Socialização Organizacional, bem como em Comunicação nos contextos da Saúde.

Cláudia Peixoto de Moura

Doutora em Ciências da Comunicação, na área de Relações Públicas, Propaganda e Turismo, pela Escola de Comunicações e Artes (ECA) da Universidade de São Paulo (USP), com pós-doutorado pelo departamento de Filosofia, Artes e Comunicação (FAC) da Faculdade de Letras (Fluc) da Universidade de Coimbra (UC), em Portugal, realizado com o apoio da Fundação de Amparo à Pesquisa do Estado do Rio Grande do Sul (Fapergs). É professora em níveis de graduação e pós-graduação, além de coordenadora do curso de Relações Públicas da Faculdade de Comunicação Social (Famecos) da Pontifícia Universidade Católica do Rio Grande do Sul (PUCRS).

Joann Keyton

Ph.D pela Universidade do Estado de Ohio e professora do departamento de Comunicação da Universidade do Estado da Carolina do Norte em Raleigh, nos Estados Unidos. Foi fundadora e editora do *Currents Communication* e é ex-editora do *Journal of Applied Communication Research*. Atualmente, é editora do *Small Group Research*. Seus interesses de pesquisa são em Cultura Organizacional e Dinâmica de Grupo, e suas interações.

Livia Barbosa

Antropóloga, doutora em Antropologia Social pelo programa de pós-graduação da Universidade Federal do Rio de Janeiro (UFRJ), mestre em Ciências Sociais pela Universidade de Chicago, nos Estados Unidos, com pós-doutorado pela Universidade de Tóquio, no Japão, e pelo programa de pós-graduação em Antropologia Social (PPGAS) da UFRJ, é professora visitante do Kellogg Institute, da Universidade de Notre Dame, nos Estados Unidos, e professora visitante da Universidade de York, no Reino Unido. É autora de diversos livros e artigos nacionais e internacionais, com destaque para: *O jeitinho brasileiro: a arte de ser mais igual que os outros*; *Igualdade e meritocracia: a ética do desempenho nas sociedades modernas*; *Cultura e diferença nas organizações: reflexões sobre nós e os outros*; *Cultura e empresas*; *Sociedade de consumo*; *Cultura, consumo e identidade*, com Colin Campbell; e *Rice and beans: a unique dish in a hundred places*, em coautoria com Richard Wilk.

Lucrécia D'Alessio Ferrara

Pesquisadora e professora do programa de pós-graduação em Comunicação e Semiótica da Pontifícia Universidade Católica de São Paulo (PUC-SP) e doutora em Literatura Brasileira pela Faculdade Sedes Sapientiae da PUC-SP. É livre-docente em Desenho Industrial pela Faculdade de Arquitetura e Urbanismo (FAU) da Universidade de São Paulo (USP), foi coordenadora do Departamento de Artes da Faculdade de Comunicação e Filosofia da PUC-SP e coordenadora do programa de pós-graduação, inicialmente, em Teoria Literária, e, depois, em Comunicação e Semiótica, também na PUC-SP. Representou a área de Comunicação e Artes perante a Coordenação de Aperfeiçoamento de Pessoal de Nível Superior (Capes), foi presidente da comissão de pós-graduação da FAU/USP, coordenadora do grupo de pesquisa Espaço-Visualidade/Comunicação-Cultura (Espacc), credenciado no CNPq (Conselho Nacional de Desenvolvimento Científico e Tecnológico), além de atuar como assessora da Capes, do CNPq, da Financiadora de Estudos e Projetos (Finep) e da Fundação de Amparo à Pesquisa do Estado de São Paulo (Fapesp). Com o apoio da bolsa de Produtividade Científica do CNPq, desenvolve sua pesquisa Mediação e Interação: por uma arqueologia dos processos comunicativos. Como principais obras, citam-se: *A estratégia dos signos*; *Leitura sem palavras*; *Ver-a-cidade*; *Olhar periférico: informação, linguagem, percepção ambiental*; *Os significados urbanos*; *Design em espaços*; *Espaços comunicantes*; *Comunicação espaço cultura* e *Os nomes da Comunicação*, além de participação em capítulos de livros e artigos publicados em periódicos científicos nacionais e internacionais.

Jesús Galindo Cáceres

Doutor em Ciências Sociais. Autor de 29 livros e de mais de 350 artigos acadêmicos publicados em 14 países. Promotor cultural de diversos projetos. Professor na Argentina, no Brasil, na Colômbia, no Peru, na Espanha e em sua terra natal, México. Membro do Programa de Estudos sobre as Culturas Contemporâneas e do sistema nacional de investigadores SNI-Conacyt (SNI III). Promotor do Gaci (grupo de ação em cultura de investigação), do Gucom (grupo direcionado para uma comunicologia possível) e do Gicom (grupo de engenharia em comunicação social). Membro, também, da Organização de Esporte, Cultura, Sociedade, Lazer e Recreação, do Grupo Ibero-Americano de Gestores Culturais e do Indecus (instituto de estudos sobre esporte, cultura e sociedade). Trabalha na Benemérita Universidade Autônoma de Puebla, no México.

Margarida M. Krohling Kunsch

Professora titular, pesquisadora e diretora da Escola de Comunicações e Artes da Universidade de São Paulo (ECA-USP). Mestre e doutora em Ciências da Comunicação e livre-docente em Teoria da Comunicação Institucional: Políticas e Processos, pela Escola de Comunicações e Artes da Universidade de São Paulo (ECA-USP). Autora de *Planejamento de relações públicas na comunicação integrada* e de *Relações públicas e modernidade: novos paradigmas na comunicação organizacional*, entre outras obras. Organizadora de inúmeras coletâneas de Ciências da Comunicação. Foi presidente da Sociedade Brasileira de Estudos Interdisciplinares da Comunicação (Intercom), da Asociación Latinoamericana de Investigadores de la Comunicación (Alaic), da Associação Brasileira de Pesquisadores de Comunicação Organizacional e Relações Públicas (Abrapcorp) e da Confederação Ibero-Americana das Associações Científicas e Acadêmicas de Comunicação (Confibercom). É vice-presidente da Associação Iberoamericana de Comunicação (AssIBERCOM) e presidente da Federação Brasileira das Associações Científicas e Acadêmicas de Comunicação (Socicom).

Marlene Marchiori

Concluiu o pós-doutorado em Comunicação Organizacional na Brian Lamb School of Communication, da Purdue University, nos Estados Unidos. Doutora pela Universidade de São Paulo (USP), com estudos desenvolvidos no Theory, Culture and Society Centre da Nottingham Trent University, no Reino Unido. Graduada em Administração e em Comunicação Social – Relações Públicas, é pesquisadora líder do CNPq (Conselho Nacional de Desenvolvimento Científico e Tecnológico) nos grupos de estudos Comunicação e Cultura Organizacional (Gefacescom) e Comunicação Organizacional e Relações Públicas: perspectivas teóricas e práticas no campo estratégico (Gecorp). Professora sênior da Universidade Estadual de Londrina (UEL). Autora do livro *Cultura e comunicação organizacional: um olhar estratégico sobre a organização*, e organizadora das obras *Comunicação e Organização: reflexões, processos e práticas*; *Redes sociais, comunicação, organizações*; e *Comunicação, discurso, organizações*.

Mirka Schreck

Mestre em Engenharia de Produção, com ênfase em Marketing, pela Universidade Federal de Santa Catarina (UFSC), pós-graduada em Comunicação e Gestão pelo Instituto de Educação Continuada da Pontificia Universidade Católica de Minas Gerais (PUC Minas) e graduada em Comunicação Social também pela PUC Minas. Está na empresa Vale há sete anos, dos quais os três últimos foram dedicados à área de Comunicação Interna Global da empresa. Trabalhou na Acesita, Fiat Automóveis e TV Record Minas Gerais.

Paulo Henrique Leal Soares

Mestrando em Comunicação e graduado em Publicidade e Propaganda pela Pontifícia Universidade Católica de Minas Gerais (PUC Minas); especialista em Comunicação Organizacional pela Universidade Federal do Maranhão (UFMA) e em Comunicação Empresarial pela PUC Minas. Trabalha no Departamento de Comunicação da empresa Vale desde 1995, tendo atuado em Carajás (PA), São Luís (MA) e Belo Horizonte (MG). Atualmente, é gerente-geral de Comunicação Corporativa da Vale. Diretor do Capítulo Regional Rio de Janeiro da Associação Brasileira de Comunicação Empresarial (Aberje) e membro da International Association of Business Communicators (IABC), da qual recebeu o título ABC (Accredited in Business Communication).

Paulo Nassar

Professor doutor e coordenador do curso de Relações Públicas da Escola de Comunicações e Artes da Universidade de São Paulo (ECA-USP). Diretor-geral da Associação Brasileira de Comunicação Empresarial (Aberje), é autor dos livros *O que é Comunicação Empresarial*; *A comunicação na pequena empresa*; *Tudo é comunicação*; *RP na construção da responsabilidade histórica e no resgate da memória institucional das organizações*; e *Comunicação todo dia*. É diretor editorial da revista *Comunicação empresarial* e da *MSG – revista de comunicação e cultura*. Membro da Arthur W. Page Society, da International Association of Business Communicators (IABC), da Public Relations Society of America (PRSA) e da Associação Brasileira dos Pesquisadores de Comunicação Organizacional e Relações Públicas (Abrapcorp).

Renato Gasparetto

Graduado em Jornalismo e Letras, com cursos de aperfeiçoamento profissional em Harvard, no Institut Européen d'Administration des Affaires (Insead) e na Universidade de Columbia. Diretor de Assuntos Institucionais e Comunicação Corporativa da Gerdau, responsável global pelo gerenciamento de marca e reputação, condução das relações com a imprensa, relações institucionais com formadores de opinião, publicidade institucional e memória empresarial nos 14 países em que a empresa mantém operações industriais. Detém experiência de trinta anos na área de comunicação corporativa e assuntos institucionais, com passagens profissionais em corporações na área financeira, de telecomunicações e na área de agrobusiness. Em paralelo à carreira executiva, foi docente de Jornalismo da Universidade Metodista e, durante 11 anos, foi professor do curso de pós-graduação e MBA executivo da Escola Superior de Propaganda e Marketing (ESPM). Membro do comitê mundial de comunicação da World Steel Association, com sede em Bruxelas, e do comitê de imagem do Instituto Aço Brasil, sediado no Rio de Janeiro, atualmente é presidente do comitê de comunicação da Asociación Latinoamericana del Acero (Alacero), com sede em Santiago, no Chile. É diretor da Federação das Indústrias do Rio Grande do Sul/Centro das Indústrias do Rio Grande do Sul (Fiergs/Ciergs), membro do Conselho de Estudos Estratégicos da Federação das Indústrias do Estado de São Paulo (Fiesp), membro do Conselho da ADVB-RS e membro do Conselho Consultivo da Associação Brasileira de Comunicação Empresarial (Aberje).

Ryan S. Bisel

Ph.D. pela Universidade do Kansas, nos Estados Unidos, é professor de Comunicação Organizacional na Universidade de Oklahoma, nos Estados Unidos, com interesses de pesquisa voltados principalmente para os temas comunicação supervisor-subordinado e mudança de cultura organizacional. Atua como consultor e facilitador de processo para organizações como a Associação de Visitação de Enfermeiras do Condado Douglas, a Câmara de Comércio Latina de Lawrence, o Escritório Oklahoma de Segurança Interna e a Fundação de Saúde de Kansas. Publicou sua pesquisa nos seguintes periódicos: *Communication Theory*; *Management Communication Quarterly*; *Journal of Management Education*; *Western Journal of Communication*; *Southern Communication Journal*; *Communication Studies*; e *Human Relations*.

Vera R. Veiga França

Professora do programa de pós-graduação em Comunicação Social da Universidade Federal de Minas Gerais (UFMG). Graduada em Comunicação/Jornalismo, com doutorado em Sociologia pela Université René Descartes, Paris V, e pós-doutorado pela École des Hautes Études en Sciences Sociales (Ehess), na França. Pesquisadora do Conselho Nacional de Desenvolvimento Científico e Tecnológico (CNPq) e coordenadora do Grupo de Pesquisa em Imagem e Sociabilidade (Gris) da Faculdade de Filosofia e Ciências Humanas da UFMG. Com vários trabalhos publicados, atua nas áreas de Teoria da Comunicação; Comunicação e Cultura Midiática; e Metodologia de Pesquisa em Comunicação e Televisão. Foi presidente da Compós – Associação Nacional dos Programas de Pós-Graduação em Comunicação.

Victor Márcio Laus Reis Gomes

Doutorando do programa de pós-graduação em Comunicação Social da Universidade Católica do Rio Grande do Sul (PUCRS) como bolsista da Coordenação de Aperfeiçoamento de Pessoal de Nível Superior (Capes). Mestre em Administração pela Universidade do Vale do Rio dos Sinos (Unisinos), com Master of Business Administration (MBA) pela Universidade de Dallas, nos Estados Unidos. Especialista em Marketing e bacharel em Comunicação Social, com habilitação em Publicidade e Propaganda, pela PUCRS. Professor da Faculdade Porto-Alegrense (Fapa) e da Escola Superior de Propaganda e Marketing (ESPM Sul). Atuou como executivo de Marketing e Comunicação em empresas como Grupo RBS, Claro e Dell.

Apresentação da coleção

Para absorver a multiplicidade e a divergência das faces da cultura e da comunicação, torna-se indispensável reexaminar conceitos e conferir-lhes novas leituras. Com esse propósito, foi criado, na Universidade Estadual de Londrina, o Grupo de Estudos Comunicação e Cultura Organizacional (Gefacescom), certificado institucionalmente no Conselho Nacional de Desenvolvimento Científico e Tecnológico (CNPq) e, nesse contexto, indispensável à visão das organizações como expressividade de cultura e comunicação.

Nessa ótica, as organizações se mostram inseridas em um mundo permeado de símbolos, artefatos e criações subjetivas ao qual chamamos de Cultura, sendo a comunicação constitutiva desses espaços realizada mediante processos interativos. Essas abordagens nos levam a compreender como organizações são constituídas, nutridas, reconstruídas e transformadas. Conhecer as implicações dos conceitos comunicação e cultura é concentrar o olhar na perspectiva processual que a cada movimento emerge em um novo contexto, um novo sentido, que se ressignifica, se institui e reinstitui nas interações, ajudando a entender os contextos, as decisões, os múltiplos ambientes e as potencialidades vivenciadas nas organizações.

A discussão da cultura na sociedade foi revelada em 1871 por Edward B. Tylor. Já no contexto organizacional, a expressão "cultura de empresa" surgiu na década de 1950 com Elliott Jaques (1951). Na década de 1980, Linda Smircich (1983) agrupou em duas as abordagens epistemológicas e metodológicas adotadas por pesquisadores: cultura concebida como variável e cultura compreendida como metáfora da organização.

A primeira abordagem, com influência do paradigma funcionalista, trata da chamada Cultura Organizacional (CO) como aspecto que a organização tem. A segunda abordagem, com raízes no paradigma interpretativo, lida com a cultura como algo que uma organização é (SMIRCICH, 1983); por isso, trata a Cultura nas Organizações (CNO) (ALVESSON, 1993). Essa última definição é mais abrangente que a primeira, pois pressupõe uma ação do indivíduo no processo, sugerindo, assim, falar-se de **CulturaS**[1] nos ambientes organizacionais em razão da multiplicidade de pessoas que, ao interagirem, fomentam diferentes formas de ser, fazendo emergir diversidades e diferenças, e não uma visão única de cultura. Assim, abordagens no campo interpretativo, crítico e pós-moderno[2] vão além da visão de cultura como variável (paradigma funcionalista) e suscitam reflexões e instigam o desenvolvimento de novas pesquisas teóricas e empíricas nos estudos organizacionais e comunicacionais.

Essas diferentes concepções fazem considerar organizações ambientes dinâmicos, interativos, discursivos, com elementos constituintes (essenciais) e constitutivos (meios e recursos) no processo de criação e de consolidação de realidades. É fundamental admitir que se vivenciam múltiplas culturas. A realidade é maleável, construída pelos indivíduos por meio de dinâmicas, processos, práticas e relacionamentos que se instituem socialmente.

Uma pessoa se revela como ser social em sua relação com outras. Dessa forma, emerge nas organizações um processo contínuo e ininterrupto de construção de culturas. Esses contextos constituídos na interação fazem sentido em determinado ponto e ascendem ao estatuto de processos institucionalizados até que o próximo questionamento dissolva essa cadeia de equilíbrios e produza uma espiralação que coloca a realidade grupal em patamar distinto daquele em que todos se encontravam.

Essa visão contemporânea modifica radicalmente a noção de cultura no contexto organizacional e de relacionamento natural com todas as áreas e os processos de construção coletiva, de onde surgem as inúmeras faces e interfaces que assume.

Ao longo dos dez volumes, ou das dez faces, desta coleção, amplia-se o olhar sobre as possibilidades de produção das interpretações possíveis de cultura, ultrapassando a abordagem de considerá-la uma variável controlada pela organização de acordo com os valores definidos pela alta direção ou pelos fundadores. Essa coleção desvenda e identifica múlti-

---

[1] Nota das editoras: grifo da autora para enfatizar o plural, fazendo compreender que não há uma única cultura, mas várias.
[2] Nota da autora: paradigmas tratados no Volume 3 desta coleção.

plas faces, as quais possibilitam revelar conhecimentos diversificados das realidades organizacionais, com linguagem e conteúdos próprios. A face é uma singularidade, marcadora de identidade(s). Em decorrência de uma abordagem multiparadigmática, as faces podem inter-relacionar-se, possibilitando, pelas proximidades e conexões, diálogos diversificados e análises ainda mais amplas da cultura e da comunicação nas interfaces.

A teoria das faces defendida por Erving Goffman (1967) lembra que as pessoas tendem naturalmente a experimentar uma resposta emocional quando estão em contato com outras. Nesse contexto, o termo face representa "o valor social positivo que uma pessoa reclama para si por meio daquilo que os outros presumem ser a linha por ela tomada durante um contato específico" (GOFFMAN, p. 76). Dentro dessa ótica, a face é um constructo sociointeracional, uma vez que depende do outro. Uma face não se constitui no isolamento. Ela se faz "em" comunicação e no bojo das relações com o outro – trazendo as marcas dessas relações. A comunicação dá origem à dimensão do "quem somos", isto é, uma identidade que se institui e se reinstitui nas conversações – resultado de uma comunicação processual que dá alma aos fragmentos que, no seu interior, interagem.

O significado constituído por um grupo pode não ser o mesmo para outro; ainda assim, as diferenças convivem e interatuam. Então, pode-se dizer que há uma imbricação entre cultura e comunicação; nenhuma se sobrepõe à outra, uma vez que cultura interpenetra comunicação, ao mesmo tempo que comunicação interpenetra cultura.

Essa inter-relação envolve uma variedade de faces que devem ser observadas em conjunto para que sejam compreendidas adequadamente. Esta coleção revela as faces e interfaces que a cultura e a comunicação assumem no mundo das organizações. Com abordagens teóricas e práticas, apresentam-se ao leitor pensamentos contemporâneos, que ajudam a ampliar o conhecimento, e relatos de casos de empresas, que aproximam e integram os campos acadêmico e profissional. O conjunto da obra, na sua complexidade, procura refletir sobre variáveis diferentes de análise, na tentativa de instituir um diálogo entre as faces.

Comunicação em interface com cultura

Alude ao olhar para as organizações como processo, o que implica uma visão da comunicação interativa – construção de sentido entre sujeitos interlocutores. A cultura é um processo que se cria e se recria a cada nova dinâmica social, sujeita à intencionalidade do ato humano. **Casos Vale e Gerdau.**

Estudos organizacionais em interface com cultura

Essa face leva o mundo dos negócios a refletir sobre o valor do homem e suas relações nesse contexto sócio-histórico, não prevalecendo uma visão unificada da cultura, mas múltiplos processos simbólicos. **Caso Odebrecht.**

Perspectivas metateóricas da cultura e da comunicação

Ao compreender cultura e comunicação como constructos, amplia a reflexão metateórica sobre os estudos nesse campo ao considerar as perspectivas epistemológicas funcionalista, interpretativa, crítica e pós-moderna, sem o julgamento de valor de que uma perspectiva seja melhor ou mais adequada que outra. **Caso Matizes Comunicação.**

História e memória

Contempla o processo de formação da cultura como articulação da presença do indivíduo em relação ao outro ao discutir a história oral, aquela que considera os elementos humanos na sua constituição, sendo sua matéria-prima a memória, a identidade e a comunidade. **Caso Votorantim.**

Cultura e interação

O olhar recai sobre processos simbólicos e práticos, assumindo a interação como um aspecto intrínseco às organizações. São processos criados e nutridos pelos sujeitos múltiplos, os quais assumem papéis estratégicos na comunicação e posições enunciativas heterogêneas. **Caso Basf.**

Liderança e comunicação interna

Evidencia uma descentralização nos ambientes organizacionais ao expandir a visão de relacionamentos pela qual líderes e liderados realizam mudanças. Ganha destaque a comunicação interna que privilegia a constituição dos espaços de fala. **Casos Tetra Pak e Natura.**

Linguagem e discurso

A instância discursiva é um elemento da vida social, pois as práticas simbólicas são continuamente constituídas ao colocar a linguagem em funcionamento nas situações de fala que ocorrem no dia a dia das organizações. **Caso Braskem.**

Contexto organizacional midiatizado

Mídia é entendida como o principal agente contemporâneo de circulação e interconexão de fluxos humanos, materiais e imateriais. **Caso Fiat.**

Conhecimento e mudança

O conhecimento se constitui com base na ação dos sujeitos, ou seja, organizações são dependentes do ser no processo de construção do saber. **Casos Embraco e Itaú-Unibanco.**

Sociedade, comunidade e redes

Reacende o valor das discussões, dos intercâmbios e revela organizações como conjunto de elementos humanos e não humanos que englobam atores, redes e processos comunicacionais. **Casos Samarco e Fundação Dom Cabral.**

Ocorre uma abordagem de ímpeto inovador no campo dos estudos organizacionais e da comunicação quando se suscitam debates e reflexões sobre as diversas faces. Para compor o todo, esta coleção reúne acadêmicos, pesquisadores e executivos de comunicação, reconhecidos nacional e internacionalmente, testemunhas de uma nova realidade: a da cultura e da comunicação como temas conexos. Realidade que desafia os leitores a ressignificar.

Marlene Marchiori

Referências

ALVESSON, M. *Cultural perspectives on organizations.* Cambridge: Cambridge University Press, 1993.

GOFFMAN, E. On face-work, an analysis of ritual elements in social interaction. In: GOFFMAN, E. (ed.). *Interaction ritual.* Nova York: Pantheon Books, 1967.

JAQUES, E. *The changing culture of a factory*: a study of authority and participation in an industrial setting. Londres: Tavistock, 1951.

SMIRCICH, L. Concepts of culture and organizational analysis. *Administrative Science Quarterly*, v. 28, n. 3, p. 339-358, set./dez. 1983.

TYLOR, E. B. *Primitive culture*: researches into the development of mythology, philosophy, religion, languages, art and customs. Londres: John Murray, Albemarle Street, 1871.

Apresentação da face

Este volume, ou esta face, *Comunicação em interface com cultura*, o primeiro da coleção *Faces da cultura e da comunicação organizacional*, alude ao olhar para as organizações como processo, o que implica uma visão da comunicação interativa – na qual há dinâmicas de reciprocidade entre emissores e receptores, assim como zonas de significados compartilhados que se instituem nessas relações.

França (2001, p. 16) discute o processo de significação com base na construção de sentidos entre "sujeitos interlocutores, realizado através de uma materialidade simbólica (da produção de discursos) e inserido em determinado contexto sobre o qual atua e do qual recebe os reflexos".

Nessa visão, a dimensão social é a característica que fundamenta as relações entre os indivíduos, sendo os contextos socialmente constituídos. A comunicação, por sua vez, tem como essência nutrir essas relações. Os processos, por conseguinte, instituem-se e ganham significação, sendo naturalmente compreendidos pelas pessoas; afinal, são elas quem participam dessa construção. Assim, uma realidade vai se sobrepondo a outra, à medida que essas pessoas discutem, modificam seu pensar, em razão dos novos contextos e das interações que ocorrem nesses ambientes. Num desencadear de ações, o valor se dá pelas interpretações e pelo aprendizado que esses processos interacionais trazem para as pessoas que deles participam. O sentido se constrói na dinâmica das interações. Os contrassentidos requisitam um amadurecimento individual. Novas e contínuas significações permeiam as relações, e, assim, as pessoas criam e inovam nos ambientes de que participam.

Assim, a comunicação se manifesta no inter-relacionamento de três dimensões, a saber:

» Interacional – que se constitui nas relações entre os interlocutores;

» Simbólica – que produz sentidos pelas práticas discursivas; e

» Contexto – que considera a situação sociocultural.

É fato que vivenciamos diferentes realidades, podendo, no momento seguinte de uma conversação, por exemplo, um novo fato emergir, e, assim, outro sentido se instaurar; as pessoas recriam processos.

O processo comunicacional é intenso, sendo "vivo, dinâmico, instituidor de sentidos e de relações; lugar não apenas onde os sujeitos dizem, mas também assumem papéis e se constroem socialmente; espaço de realização e renovação da cultura" (FRANÇA, ibidem.).

Em paralelo, a cultura é um processo que se cria e se recria a cada nova dinâmica social, sujeito à intencionalidade do ato humano. O homem é, então, criador de significados e dependente de sua capacidade interpretativa e de relacionar-se com outros, podendo, pelos sentidos, construir significação em suas relações.

É com esse espírito que esta face se revela. A comunicação é instituidora das culturas e, ao mesmo tempo, é influenciada por elas. Dessa forma, os estudos nesse campo veem a comunicação construindo a cultura (orientação para o tornando-se), e a comunicação e a cultura influenciando-se mutuamente (orientação com base na ação), assim como apontam as discussões trazidas por **Keyton**, **Bisel** e **Messersmith** em seu capítulo neste volume.

Assumimos o ponto de vista de que as organizações são constituídas comunicativamente, na qual a "orientação para o tornando-se" e a postura "baseada na ação" ganham destaque. Compreendemos que essa visão requer a adoção de uma atitude que envolva o entendimento das relações entre cultura e comunicação, uma vez que a cultura tem sua origem no momento em que as pessoas se relacionam, sendo essa formação influenciadora dos novos processos.

A dimensão simbólica da cultura reserva ao homem o papel de produtor de símbolos, e esse universo simbólico torna as relações passíveis de significações. O ser humano, na busca de interpretações, experimenta e vivencia o processo sócio-histórico, e cria nas relações com os outros o sentido para suas práticas. Assim, o homem, como ser relacional, interage com outros na busca de sua identidade e na possibilidade de interpretar os sentidos para criar relacionamentos que possam ampliar suas capacidades. Nossas subjetividades são construídas, reacendem e nos movem em direção a um comportamento diferente do anterior porque estamos crescendo como seres humanos. Tais experiências certamente nos amadurecem como pessoas, possibilitando que, em interação, aprendamos com outros, o que nos torna sujeitos simbólicos. Assim, nesse universo simbólico social e historicamente construído, destacam-se os processos de interação humana, nos quais a comunicação é expressão de significação.

No ensaio desta obra, **Vera R. Veiga França** reflete e discute o conceito de cultura relacionado a comunicação, enaltecendo que a face é o bem mais precioso para uma pessoa, chamando a atenção dos leitores sobre seu processo de construção: "A face se constrói nas interfaces".

Em paralelo, a abordagem teórica de **Jesús Galindo Cáceres** explora o projeto de investigação *Hacia una Comunicologia Posible*, o qual apresenta e discute conceitualmente a comunicação, propondo o entendimento sobre suas dimensões: difusão, estruturação, interação e expressão. Destacam-se, aí, três propostas epistemológicas: o pensamento sistêmico, o pensamento complexo e os sentidos da comunicação nos diversos campos de conhecimento, levando os leitores a novos horizontes de pensamento sobre a comunicação.

Livia Barbosa, por sua vez, procura resgatar a concepção antropológica de cultura adotada por muitos antropólogos. Nas últimas décadas, entretanto, a Antropologia foi vítima de seu próprio sucesso; o conceito de cultura passou a ser usado por diversas disciplinas como um significante em estado puro. Nesse sentido, a autora procura resgatar os debates e dilemas pelos quais o conceito de cultura passou no interior da Antropologia, bem como o quanto as críticas internas ajudaram a refinar o conceito e a enfatizar a relação constitutiva-constituinte entre a dimensão simbólica, a prática social e o fazer etnográfico.

Lucrécia D'Alessio Ferrara apresenta uma instigante relação entre cultura, comunicação e organização. Em suas palavras: "não são conceitos abstratos, mas visões de mundo, concepções ou ideologias que marcam as periodizações históricas e transformam a vida social". A leitura do capítulo nos remete ao entendimento da evolução dos conceitos e, a partir daí, inúmeras podem ser as interpretações, o que certamente reduz uma visão instrumental-mecânica da comunicação. É preciso repensar os parâmetros relacionais da comunicação.

Vera R. Veiga França, em seu capítulo, aproxima os conceitos de comunicação e cultura, discutindo sua "indissociabilidade", ressaltando que a ênfase da cultura volta-se para a "estrutura" e a da comunicação para o "processo". De acordo com a autora, "a cultura nos diz das formas imaginais, representações e práticas significativas que perpassam o conjunto das ações humanas e a vida de uma sociedade". A comunicação, por sua vez, "constitui a tentativa de apreender e surpreender a cultura sendo realizada, atuando, se transformando". Assim, a cultura se faz presente nas práticas comunicacionais, configurando a relação. Ainda para França, a cultura é o "terceiro", constituindo o que ela chama, acompanhando Louis Quéré, de uma "reflexividade de segundo grau".

Para **Marlene Marchiori**, a cultura organizacional se forma a partir do momento em que as pessoas se inter-relacionam: se elas se relacionam, estão se comunicando. Cultura e comunicação são aspectos indissociáveis de uma realidade organizacional. O entendimento de que a comunicação constitui a cultura é o fundamento da discussão, o que sugere uma nova maneira de perceber, produzir e estabelecer significados no cotidiano das relações e das interações sociais que permeiam naturalmente a vida das organizações.

Para **Joann Keyton**, **Ryan S. Bisel** e **Amber S. Messersmith**, a cultura organizacional é um fenômeno comunicativo. A abordagem desses autores fundamenta a definição de Keyton sobre cultura, na qual o conjunto de artefatos, valores e pressupostos emerge das interações entre os indivíduos, portanto, das interações do dia a dia que acontecem nos relacionamentos internos e externos de uma organização. Assim, o objetivo do capítulo é explorar as diferentes abordagens relacionadas com a cultura organizacional e com o *organizing*.

Margarida M. Krohling Kunsch apreende a comunicação como inerente à natureza das organizações, enaltecendo que, nos últimos tempos, esta assumiu um posicionamento estratégico nas organizações. Com base nesse conceito, explora a comunicação interna, administrativa, institucional e mercadológica. Ademais, defende que a comunicação organizacional tem ocupado espaço relevante no meio acadêmico e no mundo corporativo.

Paulo Nassar entende que, em um ambiente organizacional voltado exclusivamente para metas e objetivos econômicos, os valores são elementos de uma "retórica administrativa sem compromisso com a sociedade e com os lugares que guardam as memórias, os símbolos, os ritos e rituais fundamentais para a sociedade". Assim, o capítulo sugere rever os valores, o que significa ir além de suas dimensões econômicas e alcançar suas dimensões éticas e estéticas.

Cláudia Peixoto de Moura e **Victor Márcio Laus Reis Gomes**, ao mapearem os grupos de pesquisa cadastrados no CNPq, fazem um recorte sobre essa temática revelando que a cultura se faz presente nos estudos desenvolvidos no Brasil nos diferentes grupos de Comunicação Organizacional e de Relações Públicas. Assim, os enfoques na investigação da cultura englobam os processos de gestão e suas práticas. Ao apresentar como segundo direcionamento a interpretação de significados e a compreensão do fenômeno da comunicação ao estudo da cultura, os autores ainda trazem à tona a ideia de que cultura e comunicação são dois campos "interdependentes e estruturantes".

Paulo Henrique Leal Soares e **Mirka Schreck** demonstram os desafios da comunicação interna quando sua empresa, a Vale, depara-se com outras realidades internacionais, exigindo uma dinâmica de equipe que continuamente reflita sobre processos e práticas, evidenciando ações coletivas, o que exige readequação de seus processos. Há uma dimensão local e outra de território, a qual vai além de suas fronteiras de origem. Uma nova realidade se constitui, desafiadora e complexa em razão de sua internacionalização, assumindo a comunicação interna o papel da dinâmica que fundamenta as interações e que, além de integrar os funcionários e gestores, também contribui para as estratégias de negócio. Esse redirecionamento possibilita que os profissionais de comunicação dos diferentes países, ao conhecerem a realidade da Vale, transponham, para suas realidades locais, as estratégias flexíveis e descentralizadas, corroborando para o estabelecimento de estratégias colaborativas em um contexto global.

Renato Gasparetto, da empresa Gerdau, demonstra a relação entre os valores e o posicionamento da marca em nível internacional, sendo fundamental considerar as características de cada local. A leitura nos faz refletir não apenas acerca da importância dos valores pilares da marca Gerdau, mas sobre sua prática identificada nas atitudes dos indivíduos e, por consequência, nos diversos relacionamentos. Por meio do estudo de caso, revela-se a necessidade de a comunicação corporativa privilegiar o alinhamento de políticas e indicadores para que os diferentes processos de interação com os *stakeholders* aconteçam. Essa prática possibilita a consolidação da reputação da Gerdau, demonstrando que a comunicação orienta esse processo ao levar em conta o contexto de cada realidade vivida nos diferentes países de atuação. Vale ressaltar que a Gerdau é considerada pela Fundação Dom Cabral uma das empresas mais internacionalizadas do Brasil.

Ao final deste volume da coleção, apresenta-se um **roteiro para análise da face**. Neste, o olhar sobre a comunicação como processo expande as possibilidades de se ponderar sobre as perspectivas comunicacionais no mundo contemporâneo, requisitando dimensões estratégicas de entendimento para que seus procedimentos e práticas sejam dinamizadores dos ambientes em que se inserem.

Marlene Marchiori

Referência

FRANCA, V. R. V. Paradigmas da comunicação: conhecer o quê? *Ciber-legenda*, Niterói, UFF, n. 5, 2001.

Cultura: faces e interfaces

Cultura é uma noção que abriga uma extensa variedade de sentidos. Para Raymond Williams, cuja obra constitui um dos pilares dos estudos culturais britânicos: "cultura é uma das duas ou três palavras mais complicadas da língua inglesa" (WILLIAMS, 2007, p. 117). Eagleton, crítico e pensador da cultura contemporânea, também realça sua diversidade:

> a palavra [...] mapeia em seu desdobramento semântico a mudança histórica da própria humanidade da existência rural para a urbana, da criação de porcos a Picasso, do lavrar o solo à divisão do átomo. No linguajar marxista, ela reúne em uma única noção tanto a base [o mundo concreto do trabalho humano] como a superestrutura [o campo das ideias, valores, instituições] (EAGLETON, 2005, p. 10).

Essa abrangência e a ambivalência do termo podem ser apreendidas em seu percurso: no início, o termo "cultura", do latim *colere* (habitar, cultivar, proteger), referia-se ao cultivo da terra e dos animais. Um significado, portanto, intimamente ligado à dimensão empírica, material da intervenção dos indivíduos no mundo. Aos poucos, seu uso se amplia, e, por volta do século 16, o processo material de cultivar é transferido metaforicamente para as questões do espírito, do refinamento humano.

Ao longo de algum tempo, os dois sentidos da palavra cultura conviveram como um único – cultivar a terra, cultivar o espírito; apenas perto do século 19, o substantivo cultura assume uma acepção autônoma, nomeando um processo abstrato ou o resultado de tal processo, que são as edificações da sociedade humana. Nesse momento, passa a ser sinônimo de outro termo, que surge na mesma época: civilização.

Fruto das primeiras avaliações críticas do capitalismo industrial (sobretudo, na Alemanha), cultura e civilização logo tornam-se conceitos antagônicos; enquanto esta última (a civilização ocidental) mostra sua face predatória, o conceito de cultura refere-se antes ao processo de desenvolvimento intelectual, espiritual e estético de uma sociedade, transformando-se em um reduto de resistência e de humanidade.

Também ao longo do século 19 e início do século 20, a intervenção colonizadora das grandes nações europeias e as primeiras reações do pensamento anticolonialista suscitam um novo debate, o qual gira em torno do reconhecimento do "outro" e atua como uma crítica ao eurocentrismo. Surge, por conseguinte, uma nova ciência, a Antropologia, abrangendo um conceito alargado de cultura, que procura apreender e se referir à especificidade de outros povos, particularmente ao primitivo, exótico, selvagem. Definida como um modo particular de vida (de um povo, um período ou grupo), a cultura torna-se cultura no plural: culturaS.

Sem pretender avançar na genealogia do termo, é interessante registrar que o conceito está sempre enredado em distinções e oposições: ora se opõe à natureza – e significa sua domesticação, a supremacia do construído em face do natural; ora se opõe ao material, às edificações concretas no mundo – e evoca o espiritual, o intelectual, o estético; ora se torna o distintivo de povos e grupos, tanto marcando identidades como embates e lógicas de dominação e resistência.

Diversos autores procuram identificar e nomear tanto os usos do conceito como as questões que, hoje, estimulam os debates em torno da cultura. De forma bastante sucinta, apontaríamos três eixos que nos parecem centrais nos debates culturais contemporâneos, a saber: (1) a diversidade cultural, o incentivo às culturas particulares, o resgate das singularidades; (2) no cenário da globalização, a dinâmica das misturas, o multiculturalismo; e (3) as oposições em torno da qualidade das formas culturais, calcadas no viés da estética, criando as classificações entre alta e baixa cultura.

De que maneira tais debates (e a diversos sentidos de cultura) incidem e refletem nas discussões sobre a cultura das organizações? Nesta coletânea, diversos aspectos foram ressaltados pelos autores aqui agrupados. Marchiori ressalta o caráter processual da cultura de uma organização; não se trata de uma variável dada, de algo que existe em si, mas de uma instância que se constrói. Mais do que algo que uma organização detém, a cultura diz daquilo que ela é; marca sua singularidade e sua face – a maneira como ela faz-se conhecer, identifica-se. Ferrara destaca a importância da cultura das empresas em momentos de crise como objeto de identificação e de distinção; a cultura agrega seu público interno, ela singulariza uma empresa perante outras para um público externo. A autora aponta, ainda, no cenário da globalização, a necessidade de rever a homogeneidade da cultura das organizações em direção à flexibilidade, ao permanente construir-se e adaptar-se a um cenário de mudanças e diferenças. No mesmo sentido, Keyton, Bisel e Messersmith, diante de três perspectivas distintas de pensar a relação entre comunicação, cultura e organização (orientação para o objeto, orientação para o tornando-se, orientação com base na ação), assumem que o discurso e a organização são mutuamente constitutivos e identificam as relações "fixas e fluidas, permanentes e mutáveis" que se estabelecem entre a comunicação e a cultura organizacional.

Tais aspectos discutidos refletem e repercutem, claramente, um debate cultural mais amplo, que anima pensadores das diversas ciências sociais. De um lado, a compreensão da importância da cultura própria de uma organização, não apenas como o que a distingue num cenário concorrencial, mas também como resultado de uma construção permanente daqueles que, com seu trabalho, a edificam. Enquanto fruto de investimento e convivência é que indivíduos trabalhadores poderão se incluir na cultura de uma organização; dito de outra maneira, a cultura de uma organização não pode ser externa àqueles que a realizam no seu dia a dia.

Nenhuma organização, por outro lado, existe e sobrevive como cultura autônoma e isolada; ela é penetrada e penetra uma dinâmica cultural que a ultrapassa largamente, configurando o que Louis Quéré (1982) nomeia uma "reflexividade de segundo grau". Nos dias atuais, mais que no âmbito de um país, as organizações convivem num cenário, em tudo e por tudo, internacional. A pujança de sua constituição, assim, é tanto resultado de uma identidade cultural própria como da abertura e porosidade no diálogo com outras organizações e culturas. A mistura pode ser uma ameaça à singularidade; ela pode ser também um passaporte para/a possibilidade de convivência e diálogos diversificados.

Por outro lado, o debate sobre a dimensão estética da cultura, e sobre a classificação e hierarquização das formas culturais, parece, em uma primeira visada, externo ao quadro de preocupações de uma organização, pois diz respeito muito diretamente ao cenário cultural mais amplo de uma sociedade. Um olhar com maior cuidado, no entanto, vai identificar a profunda junção entre ética e estética (MAFFESOLI, 1990), e a lógica política que orienta os sistemas de classificação e hierarquização dos produtos e dinâmicas culturais em vários contextos e grupos. Uma organização é composta de muitos, e de diferentes. A constituição da unidade de sua cultura supõe ajustes, polimentos. É nessa dinâmica que as hierarquizações atuam – e que sua cultura vai/pode se constituir em uma cultura de inclusão ou de exclusão.

O conceito de face, para Goffman (conforme nos lembra Marchiori na Apresentação da coleção), significa o bem mais precioso de um indivíduo; é o valor social que ele espera e reclama para si, é a imagem com a qual ele vai se relacionar com os outros, criar expectativas, posicionar-se dentro dos quadros da interação. Ela não depende somente dele; é resultado de seu investimento, mas também de seu desempenho no decorrer dos processos interativos. Igualmente, a face de uma organização é aquilo que ela ostenta para seus diferentes públicos – mas é também aquilo que ela produz em sua interação com eles. A face se constrói nas interfaces.

Vera R. Veiga França
Professora do programa de pós-graduação
em Comunicação Social da Universidade
Federal de Minas Gerais (UFMG)

Referências

EAGLETON, T. *A ideia de cultura*. São Paulo: Unesp, 2005.

MAFFESOLI, M. *Aux creux des apparecences*: pour une éthique de l'esthétique. Paris: Plon, 1990.

QUÉRÉ, L. *Des miroirs équivoques*. Paris: Aubier, 1982.

WILLIAMS, R. *Palavras-chave*: um vocabulário de cultura e sociedade. São Paulo: Boitempo, 2007.

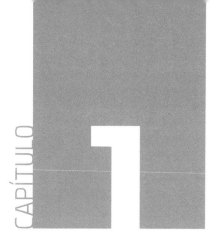

COMUNICAÇÃO E COMUNICOLOGIA: PENSANDO NO ESPAÇO CONCEITUAL DA COMUNICAÇÃO

Jesús Galindo Cáceres

Programa direcionado para uma comunicologia possível

Voltado a uma comunicologia possível, o programa tem uma história em parte, programática, em parte, produto do mesmo processo de trabalho. Em outras palavras, isso significa que, desde o início, houve planejamentos programáticos, metas, visões estratégicas, planos de trabalho específicos, projetos parciais, tudo que é necessário para a movimentação; desde uma série de perguntas iniciais até esquemas de informação organizada que permitam novas perguntas e novos projetos de informação organizada. Nesse sentido, observa-se uma prospectiva geral do projeto global e dos projetos parciais que vão avançando dentro do plano geral de trabalho. Tão importante quanto essa primeira, está a segunda parte; nela se aprende o que foi trabalhado e se corrige, ajusta-se, reformula-se tanto o particular quanto o geral do projeto global. Nessa perspectiva, são quatro as configurações, a saber: a prospectiva primária geral; a do projeto concreto em operação segundo essa configuração geral; a do ajuste ao particular com base na experiência de trabalho; e a de ajuste ao geral à medida que o projeto avança e aprende com seu próprio processo.

No início, o projeto ansiava uma organização teórica geral do pensamento em comunicação, o que supôs uma revisão bibliográfica e um estudo historiográfico da ciência possível da comunicação. Dessa forma, da proposta básica de busca do entendimento atual sobre o pensar da comunicação, para fins de sustento de um programa acadêmico de doutorado, o projeto se moveu, de imediato, ao encontro do que era, essencialmente, necessário para cumprir essa ambição: a bibliografia e a historiografia. Surgiu, por conseguinte, a urgência de um trabalho maior que o planejado no começo sobre epistemologia da ciência em geral, das ciências sociais e das chamadas ciências da comunicação, em particular.

Em 2007, tudo parecia caminhar em direção ao crescimento epistemológico do processo; havia necessidades concretas decorrentes dos problemas apresentados nos trabalhos de historiografia da ciência possível da comunicação. A revisão técnica do material pesquisado vem a exigir uma atitude lógica e epistemológica diante da informação: as supostas teorias ou fontes teóricas do pensamento científico em comunicação. Nessa altura do processo, surgem, então, a ontologia, a cosmologia e a metafísica. A comunicação não é apenas um assunto, um objeto; é hipótese, uma tomada de posição, um ato de fé, uma visão.

Cosmologia, epistemologia e ontologia

Sob uma visão geral básica para a proposta da comunicologia possível sobre a comunicação, o programa considera fundamental a configuração cosmológica, a epistemológica e a propriamente teórica do particular e do geral. Do panorama cosmológico, a comunicação pode ser um ponto de vista, uma perspectiva para perceber qualquer realidade, qualquer configuração concreta, no que se assemelha às religiões, às ideologias, às grandes, e às não tão grandes, visões do mundo. Para melhor explicar e operar essa cosmologia, faz-se necessária uma visão técnica, uma perspectiva epistemológica construtiva de conhecimento. Abrem, por conseguinte, estas duas vertentes: uma estritamente lógica, de como, da percepção de um ego observador, a comunicação se apresenta e se constrói a figura da representação, do conhecimento como um texto; e outra dialógica, na qual a construção da comunicação é verificada com base na mesma interação, e entra, então, em um plano estrito da ação e da situação, no qual o conhecimento está ligado à figura da práxis. Por fim, tem-se a configuração teórica do particular, na qual o observador tem objeto específico de observação e de construção de sua representação discursiva e lógica, a comunicação na família, a comunicação na vida pública, a comunicação e os meios de difusão. Faz-se necessário, então, um mapa de objetos, organizado sob determinado critério e construído sobre um marco de exploração e descrição da experiência no mundo.

O primeiro grande tema a ser considerado é a relação entre o espaço conceitual da comunicação e a visão da cosmologia, da metafísica e da ontologia. A princípio, o programa atendia a uma genealogia da construção de conhecimento que apontava para a ciência em geral como contexto, a ciência da ciência e, em particular, a ciência da comunicação, a comunicologia possível. No entanto, o assunto adquiriu outros matizes ao aparecer a figura da cosmologia, suscitando questionamentos. É possível olhar tudo por meio da forma da comunicação? Esse ponto de vista é melhor que os outros? Como se configura essa forma pertinente de observar pela visão de algo que se entende como comunicação? O curso da indagação epistemológica da história do pensamento em comunicação se modifica diante dessas perguntas. E, então, surge a ontologia, com toda sua formalidade, dentro do que entendemos por comunicação, mais além da primeira percepção reflexiva, que será o que olhamos e experimentamos. Se essa comunicação é uma forma geral de estar no mundo, de ser no mundo, não é, então, apenas assunto de epistemologia, de como a conhecemos, mas, sim, de ontologia, de como a vivemos e de como nela, e por meio dela, somos.

É aí que desponta o espaço da metafísica, algo parecido com um ato de fé, que supõe um cosmos ordenado e organizado, movendo-se por processos que podem ser qualificados de comunicação, em sua complexidade, em sua forma de conectar tudo, de unir, de relacionar. Uma visão extrema da comunicação, e talvez primitiva, a definiria como um modo de ser e estar no mundo, uma forma de existir, e, de tal perspectiva, é possível julgar ser essa forma superior às outras; ser a exploração epistemológica a explicitação de algo preexistente, mas imperceptível, e que, agora sim, essa nova condição nos permitirá ordenar formas superiores de ser e estar conscientes e relacionadas. Ou ainda que a comunicação é algo que não existia, e, ao imaginá-la, desejá-la, buscar compreendê-la, o mundo se modifica, e essa mudança tem muito ainda para ser desenvolvida.

Essas tarefas serão resolvidas, em parte, com a elaboração de mapas mentais históricos sociais e de mapas de cosmovisões, com os quais as visões da comunicação convivem, competem, colaboram, dos quais são herdeiras, aos quais afetam e dos quais são afetadas. É a busca da presença da comunicação em nossos mapas mentais e de nossas cosmovisões através da história e no mundo contemporâneo. É a indagação sobre como essa configuração se apresenta antes e durante os séculos 19 e 20, e no início do 21.

Desse modo, algo muito importante é descobrir quando começa a ser central a palavra e o sentido da palavra comunicação, e por quê.

Cosmovisão e cosmologia no sentido comum e na reflexão dos grandes estudos – esse é o título de um projeto necessário, projeto de estudos ao mesmo tempo que de exploração da vida social em sua espessura de mentalidades. Tudo associado à comunicação em sua necessidade e possibilidade. Tudo implicando assuntos que afetam nossos conceitos de desenvolvimento, de progresso, de sustentabilidade. O horizonte que está em jogo é enorme: o espaço social do conhecimento, a ação prática e o tempo espaço da vida planetária.

A cosmovisão permite e, às vezes, sustenta-se na cosmologia. O projeto de comunicologia possível supõe que a visão da comunicação proposta deverá ser cosmológica, deverá supor uma cosmovisão sustentada, e esse assunto afeta quase tudo. É crença que tem vocação construtiva, que se move de seu estado mais simples até as figuras da ciência, da engenharia e da estética. A comunicação hoje, considerando esse ponto de vista, pode dar conta das relações entre a matéria e a energia, entre a informação e a organização, entre o movimento e a estabilidade, a mudança e a rigidez, a reprodução e a criação. Faz-se necessário, por conseguinte, todo o conhecimento humano de que se tem notícia, de considerar toda atividade humana conhecida, para melhor ordenar todo conteúdo e perspectiva. A comunicação também pode ser uma visão do mundo, logo a dimensão científica apenas é uma parte de algo maior e poderoso. Embora se possa trabalhar somente cientificamente sobre o que permite essa visão, sua vitalidade vai muito além, e essas diferentes dimensões se retroalimentam em um horizonte em que a organização e a complexidade são meramente alguns dos parâmetros para sua configuração.

Talvez a interação possa ser um possível centro do campo semântico do conceito comunicação, um primeiro elemento de sua composição teórica. No entanto, há muito mais: a intersubjetividade da psicologia social e da sociologia fenomenológica, a simbiose dos biólogos, o intercâmbio dos antropólogos e dos economistas, o metabolismo das relações sistêmicas da cibernética de segunda ordem, a redução do gradiente termodinâmico, a semiose da semiótica, a ressonância mórfica dos novos biólogos, o inconsciente coletivo dos psicanalistas. São essas e muitas outras visões que um projeto de comunicologia possível pode articular em uma abordagem generalizada graças a seu trabalho cosmológico e científico.

Assim, por exemplo, a exploração da reciprocidade em nosso mundo contemporâneo, por meio dos estudos, pode ser componente programático teórico igual aos outros mencionados, fortalecido por uma espessura cosmológica, em contexto ontológico e metafísico claro, além de científico e racional. A linguagem e a intersubjetividade, o indivíduo e a coletividade, o "eu" e o outro, a alteridade e a identidade, a cognição e o corpo, a percepção e o inconsciente, a mente e a matéria, os campos e os sistemas, o todo e a parte. Todos são componentes de um programa possível, todos são componentes tocados por diversas formas teóricas de perceber e organizar o mundo, todos estão em possibilidade de integrar uma teoria geral da comunicação, cujo ponto de partida seja um espaço conceitual amplo e rico que inclua tudo até hoje percebido sob sua perspectiva.

Cosmologia e o primeiro ensaio de definição da palavra comunicação

Toda a especulação, discussão, certeza sobre o espaço conceitual da comunicação implicam uma noção geral, a qual, no momento, move-se somente entre alguns temas básicos, derivados no princípio do movimento histórico do pensamento em comunicação do século 20: a teoria matemática da informação, a retórica e as noções possíveis derivadas da cibernética, da semiótica e da biologia, como configurações centrais. Com uma forte marca linguística discursiva, cognoscitiva, na base de nosso senso comum comunicológico, o falar de modo que as pessoas entendam, também costumamos situar a comunicação entre algo mental e algo linguístico. Com tudo isso acrescido da substância genética de antropocentrismo humanístico e, inclusive, de humanismo religioso cristão, a comunicação se supõe associada à origem divina ou como algo essencial do ser humano que o separa de tudo que é não humano e inferior. A nova perspectiva cosmológica que se pretende no projeto direcionado para uma comunicologia possível retira a comunicação do não apenas humano e social para outras dimensões da vida e do cosmos. E é nessa ruptura dentro do discurso hegemônico sobre o tema que se torna mais complexa a prospectiva do projeto comunicológico.

Em todo esse movimento, é importante visualizar o caminho percorrido pela filosofia, pela sociologia, pela psicologia, pelas configurações de saberes dos séculos 19 e 20, e também pela religião como configurações do sentido anterior da modernidade, e das formas de conhecimento que surgem paralelas à proposta comunicológica emergente, às ciências cognitivas, às ciências da informação, à memética, à teoria de redes, à cibersemiótica e a outras. E, logicamente, às chamadas ciências básicas: a física, a química e a biologia. Essa configuração do gradiente entre o material energético elementar e o orgânico é básica para uma comunicologia não antropocêntrica; uma perspectiva da comunicação mais à frente do linguístico e do retórico.

A etimologia da palavra comunicação é a primeira referência necessária para a construção dos mapas de mentalidades e cosmovisões associados à palavra comunicação. A palavra comunicação vem do latim *communicare*, intercambiar, compartilhar, ter em comum. De *communis*, comum, público. Do latim antigo *comoinis* e do indo-europeu *ko-moin-i*, comum, público, intercambiado juntamente, possuído em comum. De *ko-*, juntamente. De *kom*, juntamente, + *moi-n*, intercâmbio de serviços, de *moi-*, de *mei-*, cambiar, intercambiar. E *-cion*, ação de, processo, estado, resultado, efeito. Do latim *-tionem*, acusativo de *-tio*, de *-tion*, ação, processo, estado, resultado. Sufixo nominal de *-atus*, que recebe uma ação, que possui, + *-io*, ação, processo, estado. O conceito original da palavra comunicação, portanto, pode se apresentar como ação, processo, estado, resultado, de ter em comum, de intercambiar, de compartilhar, de mudar.

Com base nessa definição etimológica, o projeto propõe uma análise da definição da palavra, com categorias que descrevem um primeiro mapa de seu conteúdo para, com isso, rastrear e contrastar esse conteúdo com usos discursivos dessa lacuna semântica nos diferentes mapas de mentalidades e cosmologias reconstrutíveis. A análise é completada nas quatro primeiras dimensões, *a priori*, do projeto da comunicologia possível: interação, difusão, expressão e estruturação. Dentro do espaço conceitual dos dicionários de espanhol, as quatro figuras básicas da palavra comunicação são ordenadas pelas quatro primeiras dimensões, *a priori*, do projeto da comunicologia possível. Restam, assim, quatro grandes componentes do espaço conceitual da palavra em dicionários, com base na definição geral etimológica: transmitir, mover informação de uma percepção para outra (dimensão difusão); conectar, unir o que está separado (dimensão estruturação); intercambiar, modificação mútua por efeito mútuo de ação e informação (dimensão interação), e efeito de comunhão, ação originada do comum, do compartilhado (dimensão expressão).

Entre a perspectiva fenomenológica e a semiótica-cibernética

O projeto direcionado para uma comunicologia possível nos posiciona em um gradiente que é hipótese de trabalho. Em um extremo, estão o concreto e sua percepção direta com a linguagem natural e o esquema de organização da informação do aqui e do agora, e no outro extremo, estão o abstrato e sua imaginação fruto do mundo da lógica e da matemática. O projeto identificou o primeiro extremo com o que é chamado, em filosofia e sociologia, de perspectiva fenomenológica, e o outro extremo com algo que se move entre visão semiótica e visão cibernética. Em um extremo, estão o mundo cotidiano e suas possíveis leituras e visões; no outro, está o mundo da representação formal extrema, chegando ao cálculo e à formalidade matemática. Esse gradiente é um desafio e exige que a proposta geral da comunicologia possível atenda a sua configuração.

O assunto não é apenas mera redução de complexidade para algumas imagens muito simples. Está em jogo uma tensão real no processo geral da construção do conhecimento. Os extremos, vetores de percepção e organização de informação, são também formas de sentir e, inclusive, apostas vitais. O projeto tratou de não polarizar a situação, mas sim de explorá-la tanto quanto possível. Ambas as visões construtivas do conhecimento têm seus pontos atrativos, e a ideia de esclarecer o que tem de compatível é uma aspiração de maior complexidade. Tudo pode ser uma ilusão na constatação de que a ingenuidade não chega muito longe sem sustento, sem apoio. Uma vez mais os assuntos epistemológicos se mostram muito importantes e talvez sejam a chave que permite a interface entre os aparentemente incompatíveis. Entretanto, os assuntos cosmológicos também surgem de novo em ocasiões nas quais, a princípio, apresenta-se como postura epistemológica, técnica, racional, costuma ter por trás um ato de fé, uma tomada de posição além do científico. Às vezes parece que os dilemas e as dúvidas são mais um tema de psicanálise do científico e dos cientistas que propriamente um assunto apenas de construção de ciência possível.

Ao longo dos seminários de estudo do projeto, foi aumentando a certeza de que a perspectiva sistêmica é poderosa e pode ser a visão epistemológica para construir a CIÊNCIA (com maiúsculas); esse lugar em que os modelos de representação da vida social, do mundo e do cosmos são aparelhos belos e equilibrados, em que cada componente se une harmonicamente para formar imagens excelentes sobre o que o mundo é. Faz-se presente a ideia de que a matemática é legítima e uma aspiração necessária; de que a construção lógica axiomática permite caminhar com segurança na exploração das lacunas de ignorância; de que as configurações de conjunto, as visões gerais, os modelos são possíveis; de que o conhecimento pode estar ordenado em grande complexidade de variáveis e relações e, mesmo assim, ser simples, elegante, emocionante. O que está relacionado em suas estruturas construtivas com a semiótica e a cibernética parece coincidir com essas aspirações, ao passo que permitem imaginar uma ciência da comunicação com essas características mencionadas e, certamente, mais outras técnicas e manobras. A comunicologia possível aparece aqui com todo o peso de percepção cosmológica que supõe a visão da totalidade e suas relações de forma simultânea, porque existe um sistema conceitual que o permite, uma estrutura construtiva que o possibilita, e a comunicação é isso: totalidade de movimento formada por multidão de relações, de interações, de intercâmbios que a constituem. Aqui o pensamento comunicológico se iguala com a velha aspiração da modernidade de ter o mundo na palma da mão, ou, em outras palavras, representado na figura de uma estruturação sistêmica na qual tudo e parte são percebidos ao mesmo tempo em sua totalidade formada e na multiplicidade dos pequenos movimentos que a constituem em trama e tecido que mudam o tempo todo, em pontos distintos, em um ritmo diferente.

Por outro lado, um mundo transpira e cheira. Um mundo concreto, que nos confronta a todo o momento, o princípio de realidade, tempo e espaço em que haja os sorrisos, as brincadeiras, a violência, a dor, a alegria, o amor, o desejo e o medo. Esse mundo é à base do outro, do sonho do modelo lógico-matemático da vida. Um existe pelo outro e, sem a racionalidade superior ultraformalizada no mundo do dia a dia, segue quase imutável. Ou seja, a primeira dimensão ontológica do conhecimento é esse mundo de odores e sabores que, para nós, é identificado em parte com o que a sociologia fenomenológica pretende enfocar. E, se existe a sistêmica, é para afetar essa realidade que não muda de imediato pela presença de uma ideia, mas que pode mudar profundamente pelo efeito dela. Como isso acontece? Como uma ideia pode mudar o mundo? É essa a questão. A comunicologia possível aspira mudar o mundo, colaborar em seu movimento, em sua dinâmica no concreto. A comunicologia possível pretende acompanhar e incidir no amante que contempla o ser amado, no pai que conversa com seus filhos, no mestre que escuta seus discípulos, no governante que lê um relatório, no atacante que lança um pênalti, na criança que saboreia um sorvete. E deve concretizar isso de algum modo e, ao mesmo tempo, ter contato e relação com o tempo e o espaço para além da situação concreta, da história, da estrutura social, dos fluxos do coletivo, dos fluxos das ondas dos grandes ciclos temporais. Tudo isso está relacionado com conversar, trocar ideias, debater, concordar, dissuadir, recapacitar. A comunicação tem sua base ontológica nesses cenários; aí se verifica, aí se constrói, esse é seu primeiro lugar e seu primeiro momento. A comunicologia possível, ao mesmo tempo que entende tudo isso, também aspira ser o senso comum que observa, que age, que sente, que intui. E estamos falando do senso comum de todos, de todos os atores possíveis potenciados, evolutivos, complexados, com um sentido maior e melhor do que a comunicação faz e desfaz em sua vida; desde o espaço íntimo até o espaço público extenso e global.

Aprendemos que nossa aspiração, a construção de uma comunicologia possível, depura-se entre essas duas faces, entre esses dois polos, entre esses dois vetores, entre esses dois cosmos possíveis. Nosso desafio é propor algo sobre sua oposição, sobre sua dialética, sobre seu contato e enriquecimento mútuo. Algo que se pareça com a comunicologia genética possível, seguindo Piaget, enriquecida, vitaminada, fortalecida. Sim, algo que ponha em contato o suor com uma equação, o indivíduo com o coletivo, o presente com o passado e o futuro, o próximo com o distante, e o faça de tal maneira que não haja ruptura, mas, sim, continuidade, relação dialética e quântica de copresença e colaboração. O projeto da comunicologia possível pretende tudo, mas, para isso, precisa de muitos aliados e apoios, muita paciência e trabalho, muita inteligência e imaginação. E é aí tudo isso fica mais interessante.

Primeira proposta epistemológica. Pensamento sistêmico, cibernética, ciências cognitivas e construtivismo

Com a presença constante da cosmologia pressionando a visão de tudo, no trabalho de reconstrução das fontes históricas, o projeto aprendeu que o assunto técnico construtivo é muito importante. Antes de voar nas asas da imaginação cosmológica, é importante observar atentamente como são feitos os discursos sobre a ciência da comunicação. Nisso aparecem elementos gramaticais, léxicos, sintáticos, em sentido estrito, as formas mais evidentes de sua manifestação. Muito há a ser indagado nesse aspecto. Também surge o componente retórico, como algo é dito, como são fraseados os textos e as ideias, o que se pretende, para onde são direcionados, e, é claro, o propriamente lógico, a construção das ideias particulares e das ideias gerais, a concatenação do que é afirmado hoje com relação ao que se afirmava ontem, a hierarquia entre os conceitos, suas inter-relações, a forma dos juízos, suas combinações. O modo, a construção de tudo o que foi dito, os princípios construtores, sua forma de aplicação. A epistemologia é o núcleo dessa revisão, dessa avaliação.

A primeira versão de uma comunicologia geral possível tentou ser sistêmica. Tratava-se de conceber a comunicação como configuração sistêmica. Os elementos-chave componentes foram as figuras do sistema de informação e do sistema de comunicação. O espaço social é concebido como um conglomerado de formas e sistemas. Todo o social é engendrado como sistema de informação ou como sistema de comunicação. Em outras palavras, o ponto de vista é construído de acordo com o que foi observado, e trata de esclarecer, definir, precisar essa concepção. Os sistemas de informação são programas de configuração social que ordenam e organizam as relações entre os diversos elementos particulares que aí aparecem. Esses elementos são qualquer coisa, tudo o que compõe no particular a vida social. O sistema de informação específico é o elemento que dá consistência às diversas áreas da vida social. A linguagem, o mundo semiótico, é a forma como damos conta deles, e é pela análise das estruturas semióticas do mundo que identificamos os sistemas de informação. A princípio tudo é determinado por eles, está mediado cognitivamente por eles. No entanto, qual é a origem deles? Como são formados? Como se transformam? São direcionados para alguma parte? É aqui que essa configuração espacial precisa de configuração temporal e é aí que aparecem os sistemas de comunicação, as estruturas relacionadas dos sistemas de informação. O mundo determinante da informação se modula, adquire textura, modifica-se pelo mundo da comunicação, e esse mundo não é mais que a relação entre os sistemas de informação mutuamente se alterando, colaborando entre si, se opondo.

Essa visão tão extrema dos sistemas operando sobre a vida tem suas fontes no pensamento sistêmico de segunda geração, na cibernética de segunda ordem de von Foerster, na biologia cognitiva de Varela e Maturana, supõe um desenvolvimento possível ao acomodar a perspectiva geral às relações sociais, seguindo o grupo de Palo Alto, a sociologia funcionalista de Parsons, as intuições de Luhmann, a comunicologia das mediações cognitivas de Marín Serrano, a teoria da comunicação de Moles. Em outras palavras, o esboço supunha desenvolvimento, mas já propunha a arquitetura básica para trabalhar.

O projeto parte da epistemologia genética para avaliar o movimento histórico do pensamento em comunicação e, por outro lado, diagnosticar o potencial da proposta de comunicologia geral possível construtivista, sistêmica e complexa, consequência das trajetórias que a antecedem. Uma das perguntas básicas é se a proposta da comunicologia geral possível é estágio de estrutura de conhecimento superior à comunicologia histórica, e se algo semelhante acontece com relação a outras ciências sociais. A prospectiva de trabalho é ampla, mas existe um ponto de partida de base, ao qual se agregarão, no devido momento, as teses da sistêmica de von Foerster, a lacuna do pensamento complexo contemporâneo em algumas de suas vertentes analíticas e construtivas, como a de Lewin, Morin ou Nicolis, assim como a complementação da perspectiva construtivista com as colaborações dos biólogos Maturana e Varela, e outros autores, como Pakman.

Nessa altura, nasce a hipótese de que a comunicologia possível precisa de epistemologia distinta, sistêmica, construtivista e complexa. Esse é o desafio do projeto. O ponto de partida é a imagem geral da necessidade de nova epistemologia para o melhor desenvolvimento de uma ciência da comunicação. Isso também implica o fato de que talvez os conceitos de epistemologia e de ciência sejam forçados na perspectiva de uma comunicologia possível. Talvez tudo seja muito diferente do que se vê em um primeiro panorama. Talvez a comunicação de que precisa o mundo do futuro não parta nem se fundamente em algo presente. Talvez pudesse ser a comunicação o mesmo cenário de algo tão distinto que todo esse ensaio seja um balbuciar de algo que o transcende. Se a epistemologia genética parece boa opção para ordenar a informação sob a matriz que inclui a lógica formal e a dialética situacional na forma de certa concepção das estruturas cognitivas – entendidas estas como o que constrói o que conhecemos do mundo, quer seja para entendê-lo, quer seja para nele atuar –, não é suficiente. A comunicologia precisa também da dimensão interativa do assunto, da concepção cosmológica de uma ecologia de relações, na qual a mente é configuração sistêmica complexa de diversos níveis e configurações sociais e não sociais, e isso a epistemologia genética não tem, pelo menos não a princípio. A epistemologia, em geral, está condicionada em excesso por concepção de mente localizada ainda em um sujeito; a comunicologia supõe uma mente não localizada, mas, sim, distribuída, estruturada em matrizes de relação e interação. O projeto, portanto, assume não apenas as ferramentas oferecidas pelo momento em que vive no mundo acadêmico, mas também exige novas formas de compreender o cognitivo e o epistemológico; necessita de uma epistemologia de relações e não de situações; de interações e não de sujeitos. Precisa de novas estruturas cognitivas, na linguagem construtivista, que ainda não podemos nomear com clareza, mas que, nem por isso, são menos urgentes. Tão urgentes são como conviver com um mundo que se movimenta a uma velocidade que as estruturas cognitivas atuais por pouco não alcançam. Por conseguinte, é daí que nasce a segunda exploração epistemológica do projeto.

Segunda proposta epistemológica. Pensamento complexo, construtivismo, sistêmica e praxiologia

A segunda proposta epistemológica do projeto direcionada para uma comunicologia possível responde à natureza viva da comunicação, da vivência do contato, da interação, do intercâmbio com outros. Uma realidade é o conhecimento sobre um objeto chamado comunicação, e outra é a compreensão da situação comunicativa no momento que acontece e na tensão do que ocorre. A comunicologia possível precisa reconhecer a parte viva da comunicação, incluí-la em seu mapa, considerar sua incorporação na trama de toda a proposta. No caminho da primeira proposta, a ênfase era a construção de uma ciência do ponto de vista do sujeito que conhece; esse sujeito especial e especializado, o científico. A comunicação, no entanto, está muito além que esse ator pretende ou conhece. O programa de construção da ciência possível da comunicação tanto pode caminhar sobre a via da atividade científica exclusiva nesse âmbito do científico, separado da vida social, na excisão sujeito-objeto, como também pode tentar algo mais, intrometendo-se na mesma trama da vida comunicativa e dela fazendo parte. Daí que o projeto faz críticas à proposta de Piaget, considerando que a epistemologia genética continua sendo útil para seus objetivos, mas enriquecida com exploração mais decidida na dimensão da sociogênese e da comunicogênese que o autor não explora, dedicado que é quase que exclusivamente à psicogênese. Por outro lado, o tema epistemológico se completa com a presença da dimensão da práxis, da qual também temos referências para aprender e dialogar. A comunicação, de fato, é objeto complexo, mas também, e, a princípio, é práxis complexa.

Nesse momento, uma ideia mais ambiciosa e complexa surge: a comunicologia possível pode ser social, mas também mais que social, a dimensão cosmológica permite percebê-la assim. A princípio, entretanto, a comunicologia social é o primeiro desafio construtivo. O tema de uma ciência geral da comunicação pode ser ampliado mais além das ciências sociais, uma ciência geral do movimento, da forma da energia no tempo e no espaço. Para isso, o programa direcionado para a comunicologia possível geral precisa ser ampliado, o que supõe mais história da ciência, mais epistemologia, mais trabalho no nível da configuração sistêmica do conhecimento. A genealogia geral da comunicação como fenômeno do conhecimento pode ser uma que parte da religião, passa pela filosofia, chega à ciência e continua na cosmologia sistêmica e praxiológica da comunicação. Todavia, o primeiro desafio continua sendo a comunicologia social e, com base nela, o desejo de uma comunicologia geral possível. No entanto, será o social o primeiro parâmetro de sua construção, o primeiro compromisso do projeto de trabalho, a primeira tarefa.

O que se entende em âmbito piagetiano como a ação que precede o pensamento, de forma individual, em outros âmbitos, como o social ou o comunicativo, tem dificuldades em sua interpretação. Todas as operações cognitivas básicas supõem relação direta à ação do sujeito sobre um objeto, e daí derivam as observações e reflexões sobre a mesma ação, sobre o objeto, sobre o sujeito, e tudo parte da ação. Isso supõe um conhecimento embasado em construções empíricas do mundo, continuamente sob a figura do ajuste na ação individual, com o princípio de realidade do mundo concreto que nos é colocado como limite das visões da subjetividade. Nisso Piaget contribui muito, mas não pode colaborar em tudo. No caso da psicogênese, estamos falando de indivíduo, de criança em formação, que, pouco a pouco, vai ajustando o desenvolvimento de suas estruturas cognitivas com a experiência de sua exploração mundana, e das representações que vão sendo feitas dessa experiência que parte da ação. No caso da vida social, pode acontecer algo semelhante: a situação em que os sujeitos coletivos podem ser comparados aos sujeitos individuais, mas o traslado do sistema conceitual piagetiano não é automático – teria que trabalhar quarenta anos de observações para culminar no sociogenético com algo semelhante ao psicogenético. Tudo isso, revisando as propostas gerais da epistemologia genética geral, ajustando-as com as observações do sociogenético; algo possível e com diferentes estratégias para ser alcançado. Entretanto, isso não é tudo já que a interação torna tudo ainda mais complicado.

Piaget reconhece a interação, mas invariavelmente é uma interação que parte da premissa epistemológica da relação sujeito-objeto, indivíduo-mundo. Na comunicação, a interação é sujeito-sujeito, e essa dimensão não é concebida por Piaget, todavia, pode ser configurada de seu pensamento. Eis por que o projeto reconhece, em princípio, o pensamento de Piaget como um instrumento de crítica à comunicologia histórica, mas, no caminho, encontra novos elementos críticos que enriquecem a proposta construtivista, movendo-a da figura de sujeito que interage com o mundo para vários sujeitos interagindo entre si e com o mundo, e esse é um ponto que o projeto precisa desenvolver para a comunicologia possível.

Esse ajuste, porém, não basta; o programa precisa de mais ajuda. Na genealogia da práxis marxista, são muitas as notícias sobre a observação e a construção da experiência de conhecimento partindo da ação e da interação social. Esse universo tem, entre outros nomes, o de praxiologia – uma perspectiva que é fonte complementar e crítica importantíssima para a comunicologia possível. No caso do projeto comunicológico, sua atuação é de forma direta sobre a interação sujeito-sujeito e enriquece, de imediato, a proposta epistemológica mais completa que temos em mãos: a do construtivismo genético. Com isso, a possibilidade de completar um esquema de trabalho crítico está quase pronta. De um lado Piaget e sua epistemologia genética; de outro, a praxiologia e sua epistemologia da interação. Como é de se supor, o assunto não finda aqui. Mais componentes o completariam: por exemplo, a contribuição lógico-semiótica de Peirce e Morris sobre a pragmática, o construtivismo dos biólogos Varela e Maturana, entre outros.

Terceira proposta epistemológica. Sentidos da comunicação em diversos campos de conhecimento. Racionalidade, emoção, sensibilidade e intuição. Fronteiras e horizontes possíveis do pensamento sobre a comunicação

Com a primeira proposta e, principalmente, a segunda, o projeto direcionado para uma comunicologia possível já parecia ter muito trabalho pela frente. E ainda faltava a terceira proposta.

A afirmativa inicial de que a proposta é epistemológica por si só coloca em apuros a segunda; a racionalidade epistemológica tradicional oficial não se ocupa demasiadamente dos assuntos da práxis. Assim, ampliar ainda mais a densidade do conceito e sua extensão é forçar um pouco mais a situação. De qualquer modo, o projeto insiste em nomear epistemológico tudo aquilo que lhe permita melhor perfilar as possibilidades construtivas do conhecimento sobre a comunicação. Por outro lado, o mesmo conceito de conhecimento também parece insuficiente para o que é necessário para empreender um programa de desenvolvimento em comunicação, com uma vocação intensa direcionada para a ação. Como o projeto, em princípio, tem o título de comunicologia, isso o leva a relacionar-se mais com a primeira proposta e depois com a segunda proposta.

Este é o ponto: as dúvidas que foram surgindo. Quando se apresenta, por exemplo, uma interação humana do tipo amorosa, que não é escassa, nem irrelevante, onde fica a dimensão sentimental em um trabalho epistemológico sobre o conceito de comunicação? A resposta não é simples. Em um afã ortodoxo, poderia se dizer que os sentimentos são configurações que podem ser explicadas pela endocrinologia ou pela química do corpo humano. Pode ser, mas o que acontece com as pessoas não é apenas isso. A racionalidade positivista pode insistir no tema de que os sentimentos podem ser explicados e, até mesmo, controlados. Na vida cotidiana, todavia, tudo acontece muito longe dessa racionalidade. Sendo assim, precisamos de algo mais que apenas a cientificidade positivista para debater o assunto.

Nossas crenças religiosas são outra difícil prova para a epistemologia dura. A fé é vista da perspectiva da cientificidade como algo explicável sob a figura do simbólico. No entanto, a parte de forma e energia que é aí posta em cena lhe escapa. O lado humano tem fronteiras instáveis sob certo ponto de vista, e sob outro, tais limites são quase impossíveis de serem definidos. A comunicação tem forte relação com a figura da comunidade e da comunhão, mas tudo costuma se reduzir a textos, análises linguísticas, comportamentos observáveis, indicadores que provêm de nossa matriz científica positiva. Há muito mais, entretanto, que não fica em enfoque claro nesse panorama.

O projeto da comunicologia possível começa dentro do espaço da possibilidade de nossa comunidade de sentido sobre o científico, daí são propostas as avaliações epistemológicas do científico nas pegadas e nos rastros que vão sendo descobertos em sua indagação bibliográfica e historiográfica. Por sua vez, no movimento impulsionado por esse afã de cientificidade aparecem outros traços da comunicação que não são científicos totalmente e poderiam responder a uma cientificidade enriquecida ou a algo mais poderoso e extenso que ela. Eis o cenário da terceira proposta: sem desconhecer o alcançado no caminho percorrido, sem renunciar aos compromissos daí derivados, o projeto dá mais um passo em direção ao desconhecido, rumo ao necessário, mas não formalizado. A fé, a magia, o amor, a intuição e a criatividade não podem ser excluídas de um marco de representação, e a linguagem científica talvez seja insuficiente para sua compreensão. O projeto direcionado para uma comunicologia possível sabe que a linguagem e seus domínios são um território extenso ainda a ser percorrido, mas que existem outras figuras do cognitivo que também têm presença importante e que supõem outros caminhos para sua exploração e conhecimento. Agora o conhecimento aparece como algo mais que texto, que fórmulas, que registros, que ordem de informação. O mundo cognitivo do conhecimento também afeta o corpo e tudo a ele relacionado.

Outra aventura do conhecimento, outros cenários, outras apostas, outras fontes para a construção de uma comunicologia possível, algo mais que uma ciência da comunicação, um saber complexo sobre a comunicação e suas possibilidades.

O projeto direcionado para uma comunicologia possível tem, dessa forma, outras dimensões de complexidade que não estão totalmente explícitas na proposta geral elaborada até então. O núcleo dessas dimensões alternadas às construídas (a hipótese das dimensões, *a priori*) é o pano de fundo das ciências cognitivas, em que está em jogo o conceito do humano, do vivo, do existente conhecido – de novo, a cosmologia. Aqui o questionamento reside na relação entre velhas e novas concepções da associação e na relação entre a racionalidade, a emoção, a sensibilidade e a intuição. A aposta cognitiva dos biólogos Varela e Maturana parece ter algumas ideias sobre esse assunto, da mesma forma que o pensamento antigo, as religiões e as visões, até mesmo as totalmente místicas, territórios esses também necessários e que devem ser explorados em sua totalidade.

Referências

ABBAGNANO, N. *Diccionario de filosofía*. Fondo de Cultura Económica, México, 1966.

AGUADO, J. M. *Comunicación y cognición*, Comunicación Social. Sevilla, 2003.

ALEXANDER, J. C. *Las teorías sociológicas desde la segunda guerra mundial*. Gedisa, Barcelona, 1989.

ANDERSON, J. A. *Communication Theory*. Epistemological Foundations. The Guilford Press, Nova York, 1996.

ARANGUREN, J. L. L. La comunicación humana. Tecnos, Madrid, 1986.

BACHELARD, G. *Epistemología*. Anagrama, Barcelona, 1971.

BATESON, G. et al. *Comunicación.* La matriz social de la Psiquiatría, Paidós, Barcelona, 1984.

BERTALANFFY, L. V. *Perspectivas de la teoría general de sistemas*. Alianza, Madrid, 1979.

BLACKMORE, S. *La máquina de los memes.* Paidós, Barcelona, 2000.

BUBER, M. *Yo y Tú y otros ensayos.* LILMOD, Buenos Aires, 2006.

BUCKLEY, W. *La sociología y la teoría moderna de los sistemas*. Amorrortu, Buenos Aires, 1977.

CÁCERES, J. G. (coord.). *Comunicación, ciencia e historia*: fuentes científicas históricas hacia una Comunicología Posible. Madrid: McGraw -Hill, 2008.

_____. *Comunicología Posible*: hacia una ciencia de la comunicación. Universidad Intercontinental, México, 2011.

CÁCERES, J. G.; CÁRDENAS, T. K.; GARCÍA, M. R. *Cien libros hacia una Comunicología posible*. Ensayos, reseñas y sistemas de información. Universidad Autónoma de la Ciudad de México, México, 2005.

_____. *Comunicología en Construcción.* Universidad Autónoma de la Ciudad de México, México, 2009.

CÁCERES, M. D. *Introducción a la comunicación interpersonal*. Síntesis, Madrid, 2003.

CASTILLA DEL PINO, C. *La incomunicación*. Ediciones de Bolsillo: Barcelona, 1973.

CHERRY, C. *On Human Communication*. The Massachusetts Institute of Technology Press: Cambridge, Massachusetts an London, England, 1966.

DABAS, E.; NAJMANOVICH, D. (comps.) *Redes:* el lenguaje de los vínculos. Buenos Aires: Paidós, 1995.

DAVIDSON, R. P. *A primer in theory construction*. Indianápolis: Bobbs-Merrill Educational Publishing,1971.

DE SOLA POOL, Ithiel et al. (eds.). *Handbook of Communication*. Chicago: Rand McNally College Publishing Company, 1973.

DE TORO Y GISBERT, M. (coord.). *Pequeño Larousse ilustrado*. Buenos Aires: Larousse, 1967.

DEBRAY, R. *Introducción a la mediología*. Barcelona: Paidós, 2001.

DEUTSCH, M.; KRAUSS, R. M. *Teorías en psicología social*. México: Paidós, 1994.

ECO, U. *Tratado de Semiótica general*. México: Nueva imagen-Lumen, 1978.

ENTRALGO, P. L. *Teoría y realidad del otro*. Madrid: Alianza Universidad, 1983.

FERENCZI, Sándor. *Sin simpatía no hay curación*: diario clínico de 1932. Buenos Aires: Amorrortu Editores, 1997.

FERRATER, M. J. *Diccionario de filosofía*. Madrid: Alianza, 1984.

FREIRE, P. *¿Extensión o comunicación?* México: Siglo XXI, 1976.

FRIED, S. D. (ed.). *Nuevos paradigmas, cultura y subjetividad*. México: Paidós, 1994.

GALLINO, L. *Diccionario de Sociología*. México: Siglo XXI, 1995.

GARCÍA-NOBLEJAS, J. *Comunicación y mundos posibles*. Pamplona: EUNSA, 1996.

GARDNER, H. *La nueva ciencia de la mente:* Barcelona: Paidós, 1996.

GÓMEZ, S. G. *Breve diccionario etimológico de la lengua española*. México: Colegio de México-FCE, 1998.

GRANDI, R. *Texto y contexto en los medios de comunicación*. Barcelona: Bosch, 1995.

HAYLES, N. C. *La evolución del caos.* Barcelona: Gedisa, 1993.

HOUDÉ, O. et al. *Diccionario de Ciencias Cognitivas*. Buenos Aires: Amorrortu Editores, 2003.

IBÁÑEZ, T. *Psicología social construccionista*. Guadalajara: Universidad de Guadalajara, 1994.

IGLESIAS, U. J.; Gómez, M. H. (coords.). *Teorías sociológicas de la acción*. Madrid: Tecnos, 2005.

LANIGAN, R. L. *The human science of communicology*: a Phenomenology of Discourse in Foucault and Merleau-Ponty. Pittsburgh: Duquesne University Press, 1992.

LASH, S. *Crítica de la información*. Buenos Aires: Amorrortu, 2005.

LEWIN, R. *Complejidad. El caos como generador del orden*. Barcelona: Tusquets, 1995.

LUHMANN, N. *Sociedad y sistema: la ambición de la teoría*. Barcelona, Paidós-ICE-UAB, 1990.

MACÍAS, N.; CARDONA, D. *Comunicometodología*. México: UIC, 2007.

MARAFIOTI, R. *Sentidos de la comunicación*: teorías y perspectivas sobre cultura y comunicación. Buenos Aires: Biblos, 2005.

MARC, E.; PICARD, D. *La interacción social*. Barcelona: Paidós, 1992.

MASSONI, S. *Estrategias*: los desafíos de la comunicación en un mundo fluido. Rosario: Homo Sapiens Ediciones, 2007.

MATTELART, A.; MATTELART, M. *Historia de las teorías de la comunicación*. Barcelona: Paidós, 1997.

MATURANA, H. R. *La realidad*: ¿objetiva o construida? Barcelona: Antrhopos-UIA-ITESO, 1996.

MEAD, G. H. *Espíritu, persona y sociedad*. Buenos Aires: Paidós, 1968.

MIGUELEZ, R. *Epistemología y ciencias sociales y humanas*. México: UNAM, 1977.

MOLES, A.; ROHMER, E. *Teoría estructural de la comunicación y la sociedad*. México, Trillas, 1983.

MONGE, M. R.; NOSHIR, S. Contractor: *theories of communication networks*. Nova York: Oxford University Press, 2003.

MORIN, E. *Introducción al pensamiento complejo*. Barcelona: Gedisa, 1996.

MORRIS, C. *Signos, lenguaje y conducta*. Buenos Aires: Losada, 1962.

NAJMANOVICH, D. *El juego de los vínculos*. Buenos Aires: Biblos, 2005.

NAVARRO, P. *El holograma social*. Madrid: Siglo XXI, 1994.

NEIMEYER, G. J. (comp.). *Evaluación constructivista*. Barcelona: Paidós, 1996.

NICOLIS, G.; PRIGOGINE, I. *La estructura de lo complejo*. Madrid: Alianza Editorial, 1994.

PAKMAN, M. (comp.). *Construcciones de la experiencia humana*. Barcelona: Gedisa, 1997. (dois volumes)

PEIRCE, C. S. *La ciencia de la Semiótica*. Buenos Aires: Nueva Visión, 1974.

PÉREZ, R. A. *Estrategias de comunicación*. Madrid: Ariel Comunicación, 2008.

PIAGET, Jean. *Introducción a la Epistemología Genética*. México: Paidós, 1991.

_____. *La equilibración de las estructuras cognitivas*: problema central del desarrollo. México: Siglo XXI, 2005.

PIZARRO, N. *Metodología sociológica y teoría lingüística*. Madrid: Alberto Corazón, 1979.

POPPER, K. R. *La lógica de la investigación científica*. Madrid: Tecnos, 1962.

PRECIADO, I. I. (ed.). *Tao Te Ching: los libros del Tao (Lao Tse)*. Madrid: Trotta, 2006.

QUINTANILLA, M. A. (dir.) *Diccionario de filosofía contemporánea*: Sígueme: Salamanca, 1985.

REYNOSO, C. *Complejidad y caos*: una exploración antropológica. Buenos Aires: Editorial SB, 2006.

ROSENBLUETH, A. *Mente y cerebro*. México: Siglo Veintiuno Editores, 1971.

SCHÜTZ, A. *La construcción significativa del mundo social*. Barcelona: Paidós, 1993.

SERVÓS, C. M. (comp.). *Sociocibernética*: lineamientos de un Paradigma, Institución. Zaragoza: Fernando el católico, 2006.

SERRANO, M. M. *Teoría de la comunicación*: la comunicación, la vida y la sociedad. Madrid: McGraw-Hill, 2007.

SHANNON, C. E. *Teoría matemática de la comunicación*. Madrid: Forja, 1981.

SHELDRAKE, R. *La presencia del pasado*. Barcelona: Kairós, 1990.

SHIBUTANI, T. *Sociedad y personalidad*. Paidós: Buenos Aires, 1970.

SILVESTRI, A.; BLANCK, G. *Bajtín y Vigotski*: la organización semiótica de la conciencia. Barcelona: Anthropos, 1993.

SMITH, A. G. (comp.). *Comunicación y cultura*. Buenos Aires: Nueva Visión, 1976. (três volumes)

SPENCER-BROWN, G. *Laws of form*. Londres: George Allen and Unwin, 1969.

STINCHCOMBE, A. L. *Constructing Social Theories*. Nova York: Harcourt, Bruce and World Inc., 1968.

VARELA, F. *Conocer*. Gedisa: Barcelona, 1990.

VON FOERSTER, H. *Las semillas de la cibernética*. Barcelona: Gedisa, 1991.

_____. *Sistémica elemental*. Medellín: EAFIT, 1998.

WAGENSBERG, J. *Ideas sobre la complejidad del mundo*. Barcelona: Tusquets, 1994.

WALLERSTEIN, I. (coord.). *Abrir las ciencias sociales*. Siglo XXI-UNAM, México, 1996.

WATZLAWICK, P. et al. *Teoría de la comunicación humana*, Tiempo contemporáneo, Buenos Aires, 1971.

WIENER, N. *Cibernética y Sociedad*, CONACYT, México, 1981.

_____. *Cibernética*, Tusquets, Barcelona, 1985.

WINKIN, Y. (ed.). *La nueva comunicación*. Barcelona: Kairós, 1984.

DILEMAS E TENSÕES DO CONCEITO DE CULTURA

Livia Barbosa

> Subitamente as pessoas parecem concordar conosco, antropólogos; a cultura está em todos os lugares. Imigrantes a possuem; grandes empresas a possuem, jovens a possuem, mulheres a possuem e mesmo homens comuns de meia-idade parecem possuí-la, todos nas suas versões particulares. Quando essas versões colidem falamos de colisão cultural (ou de choque cultural). Nós vemos anúncios onde produtos são estimulados a alimentarem uma "bed culture" e "ice cream culture" e algo denominado "a defesa do argumento cultural" está sob debate na jurisprudência (HANNERZ, 1996, p. 30).

Com esse trecho, Ulf Hannerz inicia o capítulo "When culture is everywhere, reflections on a favorite concept", de seu livro *Transnational Connections*, que discute a cultura no mundo contemporâneo globalizado, seus fluxos, fronteiras e distribuição. Entre as muitas questões levantadas por ele, uma é a expansão do conceito de cultura além das fronteiras da antropologia: o que nos tornou vítimas do nosso próprio sucesso, como afirma o autor. E por que vítimas? Porque de um ponto de vista mais amplo, o termo cultura perdeu sua especificidade antropológica, e, em vez de classificar uma dimensão constitutiva da vida social – a simbólica –, passou a integrar o vocabulário cotidiano das pessoas, do governo e de outras disciplinas, designando uma variedade de "fenômenos", na maioria dos quais não há semelhança entre si nem com o conceito de cultura da forma empregada por grande parte dos antropólogos.

Essa discussão não significa nenhuma reivindicação sobre a propriedade do conceito, pois nenhuma disciplina é "dona" de qualquer categoria analítica ou de objeto científico. Entretanto, quem importa um conceito pode melhor aproveitá-lo quando importa, também, seus dilemas. Neles está inscrito todo um conjunto de debates que enriqueceram o conceito e o fazem o que ele é hoje. Portanto, aproveito essa oportunidade para reiterar o que vem a ser cultura para muito dos antropólogos, eu inclusive, e a importância do caminho percorrido. Antes, contudo, gostaria de apontar algumas de suas utilizações fora do campo da antropologia.

A cultura do lado de fora da antropologia

Uma análise superficial dos usos atuais aos quais tem sido atribuído o conceito de cultura exemplifica minha preocupação de relembrar seu sentido e "utilidade" originais. Um exemplo: recentemente, enquanto comprava um sorvete no shopping, ouvi a surpreendente frase de uma jovem referindo-se a alguém numa conversa com sua amiga: "ela tem a cultura da coca-cola dentro dela". Apurando minha atenção, entendi que a pessoa mencionada "toma coca-cola até no café da manhã". Nesse contexto, hábitos pessoais foram elevados à categoria de cultura, assim como nos casos citados por Hannerz (1996) em relação à *bed culture* e à *ice cream culture*, que se referem tanto às novas práticas de dormir e tomar sorvete, na intimidade de estilos de vida particulares, como a uma "nova cultura material" em torno dessas atividades, que envolvem novos tipos de colchões, travesseiros, lençóis, tramas de tecidos com os quais se fazem lençóis e fronhas, taças específicas, instrumentos de "bolear" e máquinas de sorvete, entre outros.[1]

Outro emprego do conceito de cultura, mencionado por Hannerz, o qual, da mesma forma que ele, considero preocupante, é quando governos de diferentes países depositam seu peso e sua influência na criação de uma categoria administrativa "cultura", com objetivos de classificação de minorias ou para outros tipos de medida e avaliação qualquer de grupos sociais (HANNERZ, 1996).

As organizações e empresas são outro espaço em que a noção de cultura apenas cresceu em popularidade desde a década de 1970 (BARBOSA, 2002). Embora a exploração do universo simbólico empresarial seja de extrema importância e tenha produzido frutos interessantes, por outro lado, a atribuição

---

[1] Isso não significa que os atos de dormir e tomar sorvete são destituídos de dimensão cultural, apenas que, para funcionarem como um conceito e não como uma palavra do vocabulário, eles têm de atender a outras dimensões analíticas.

"à cultura", de modo genérico, do fracasso de fusões, projetos, processos de mudança e mesmo da derrocada de empresas é aflitivo. Nesse contexto, muitas vezes a cultura é uma caixa preta na qual se depositam fracassos e sucessos sem muitas análises e explicações, uma variável a mais, no contexto das demais, e não um contexto no interior dos quais as coisas se tornam inteligíveis.

Nas situações descritas anteriormente, "ser vítima do nosso próprio sucesso" significa, portanto, que a noção de cultura não demarca mais uma dimensão específica da vida social, a simbólica, em sua relação constante com a prática. O conceito é simplesmente usado **para designar qualquer coisa, exatamente como a palavra coisa,** um "significante em estado puro", que pode ser ajustado a qualquer conteúdo/significado ainda não classificado.[2] A língua é um instrumento vivo de comunicação, que se altera pelas experiências e práticas de seus falantes, com base nas lógicas estruturantes desse sistema simbólico que é a linguagem. Entretanto, devemos ter consciência da diferença da popularização de um conceito egresso de uma disciplina acadêmica e cujo uso guarda pouca referência com seu sentido original, com as possibilidades que o conceito oferece no sentido de análise e compreensão da vida social. É justamente sobre esse último aspecto que eu gostaria de tecer alguns comentários.

As polêmicas da cultura

O termo cultura foi definido pela primeira vez por Edward B. Tylor, em 1871, e daí em diante tornou-se um conceito central da antropologia. Ser um conceito central não significa necessariamente ser consensual, apenas que, em torno dele, algumas grandes questões da disciplina são e foram travadas, constantemente, em busca de seu refinamento conceitual e metodológico. Aliás, desde seu início, sua trajetória foi acompanhada de uma oscilação entre momentos consensuais e outros de contestação e heterogeneidade em sua definição.

---

[2] Se, em um primeiro momento, a palavra coisa tem essa dimensão de significante em estado puro, em dados contextos ela é altamente classificatória de certas pessoas e situações. Quando, por exemplo, uma pessoa (mulher ou homem) se refere a um artista de cinema ou televisão como uma "coisa", para apontar sua imensa beleza e/ou sensualidade, a palavra "coisa" é utilizada nesse contexto para indicar que a língua falada não tem, naquela circunstância, um termo adequado para expressar a beleza ou sensualidade que essa pessoa enxerga na outra. Por outro lado, posso usar "coisa" para designar justamente o oposto, quando quero degradar alguém ou uma situação , para dizer que ela é ou foi tão ruim que não existe um vocábulo na língua que uso para expressar todo o sentimento de repulsa ou desagrado que me causa ou causou. "Coisa" em ambos os exemplos, embora com sentido diferente, representa o não classificável, tanto positiva quanto negativamente.

Na década de 1950, por exemplo, Leslie White (1959), em um artigo intitulado "The concept of culture", específica o objeto da antropologia como sendo a cultura. Nesse texto, ele se propõe a responder a um conjunto de autores que, desde as décadas de 1930/1940, definiam **cultura como uma abstração**, construída com base na análise do comportamento humano, além de reivindicar para a antropologia uma condição de ciência (culturologia) em um contexto no qual se discutiam as bases científicas das ciências sociais e da sua metodologia (KROEBER; KLUCKHOLM, 1952; LINTON, 1963; RADCLIFFE-BROWN, 1940; HERSKOVITS, 1945; SAPIR, 1932).

Para White (op. cit., p. 229), toda ciência precisa de um objeto "de carne e osso", claramente definido para ser analisado:

> Nenhuma ciência pode ter um objeto que seja intangível, invisível, imponderável, 'abstrações' ontologicamente irreais; uma ciência tem que ter estrelas, mamíferos reais, raposas, cristais, células, fonemas, raios gama e traços culturais para trabalhar com eles.[3]

Em resumo, tem que ter um objeto claramente definido e concreto.

Ainda sob esse ponto de vista, o objeto da antropologia era a cultura, a qual consistia no simbólico; uma faculdade peculiar à espécie humana. E, para estudá-la, os antropólogos, entre outros materiais, debruçaram-se sobre:

> ideias, crenças, atitudes, sentimentos, ações, padrões de comportamento, costumes, códigos, instituições, trabalhos e formas de arte, linguagem, ferramentas, implementações, utensílios de máquinas, ornamentos. [...] Coisas e dependência de evento mediante simbolização considerada no contexto somático podem ser chamadas de comportamento humano [...] quando inseridas no contexto extrassomático, no qual dizem respeito aos termos de suas relações umas com os outras, elas são denominadas cultura[4] (WHITE, op. cit., p. 246-247).

---

[3] Tradução livre do texto original: *No science can have a subject matter that consists of intangible, invisible, imponderable, ontologically unreal "abstractions"; a science must have real stars, real mammals, foxes, crystals, cells, phonemes, gamma rays, and cultural traits to work with.*

[4] Tradução livre do texto original: *[...] ideas, beliefs, attitudes, sentiments, acts, patterns of behavior, customs, codes, institutions, works and forms of art, language, tools, implements, machines, utensils, ornaments... Things and event dependent upon symboling considered in the somatic context, may properly be called human behavior... when considered in extrasomatic context they are regard in terms of their relationship with each other, they are called culture.*

Assim, os elementos definidos como **comportamento humano** eram **o objeto da psicologia**. Por sua vez, os pertencentes a um universo **extrassomático** e inter-relacionados, da mesma forma que um sistema no qual os significados são dados pelas relações que as diferentes partes do sistema mantêm entre si, eram denominados **simboletos**.

Essa vertente de cultura como a dimensão simbólica da vida social tem seu momento apoteótico, como indica Sewell (1999), com o livro de Clifford Geertz (1973), *A interpretação das culturas*, ao definir cultura como "um sistema de símbolos e significados" e o homem, um ser amarrado a suas teias. Nesse momento, não só a antropologia não tem rivais a sua altura no estudo da cultura, "mas a criatividade e o prestígio da antropologia cultural estavam no seu ponto mais alto" (SEWELL, op.cit. p. 37). Um novo interesse na questão cultural tomou de assalto um conjunto de disciplinas e especialidades como os estudos literários, a nova história cultural, os estudos culturais, entre outros. Certamente, toda essa mobilização não significa apenas uma efetividade da antropologia em conduzir as discussões sobre cultura, como assinala Sewell. O chamado *linguistic turn* foi fundamental tanto na antropologia como um todo, quanto no estruturalismo e pós-estruturalismo francês que vieram a influenciar vários outros campos de estudo. No entanto, "o que chama atenção nesse contexto, é justamente o lugar de honra atribuído a antropologia pela sua histórica preocupação com o estudo da cultura" (SEWELL, op. cit. p. 38).

O interessante é que, à medida que a preocupação e o discurso sobre cultura se ampliam além das fronteiras antropológicas, as discussões e divisões sobre em seu interior aumentam, ao ponto de muito autores, como DaMatta (1997), denominarem essa época, as décadas de 1980/1990, o momento de uma "crise de identidade da antropologia". Essa crise "identitária" está claramente presente nas críticas dos chamados antropólogos pós-modernos – que não eram novas e vinham se acumulando desde a década de 1980 e muito bem condensada no trabalho de Clifford e Marcus (1986), *Writing Culture: the poetics and politics of ethnography*, e cujo exemplo mais emblemático é o texto de Lila Abu-Lughod (1991), *Writing against Culture*. Para esses autores, não somente a noção de cultura, mas a própria forma de fazer e escrever etnografia estavam/estão *sub judice*.

Para Abu-Lughod (1991) e Young (1995), por exemplo, o conceito de cultura deveria ser abandonado, não apenas por suas ligações históricas com o colonialismo e o capitalismo, mas, também, por ser uma "uma ferramenta" (do inglês, *a tool*) de instauração da alteridade, o famoso **nós e eles**, que divide e separa as pessoas, ou melhor, os nativos dos antropólogos ocidentais, confinando-as em universos supostamente homogêneos e autocontidos, ao mesmo tempo em que ignoram a movimentação, a interação geográfica e os conflitos existentes no interior dessas culturas, negando-lhes uma historicidade e um dinamismo que os ocidentais tomam para si como um dado. A diferença é cristalizada em um todo homogêneo e estabelece-se uma hierarquia entre quem fala e aquele que é "falado". Nesse contexto teórico, e baseando-se na experiência das feministas e dos *halfies*[5] de perceberem outros ângulos da realidade, principalmente o da exclusão, Lila sugere que os antropólogos escrevam contra a cultura.

> Se a cultura, acompanhada pela coerência, atemporalidade e discrição, é a principal ferramenta antropológica para fazer outros e diferença, conforme as feministas e *halfies* revelam, ela tende a ser uma relação de poder; então, talvez os antropólogos deveriam considerar estratégias para escrever contra a cultura.[6]

Para resolver como será esse "escrever contra a cultura", ela sugere experimentar com etnografias do particular escritas sob o amparo do trabalho de campo. Os antropólogos tendem a generalizar sobre as comunidades, com base em características e regras de fazer as coisas ignorando os conflitos, os discursos diferenciados e as práticas distintas sobre um mesmo tema. Em vez de afirmarmos que os nativos de "Bongo-bongo" são políginos,

> deveríamos nos negar a generalizar e, ao contrário, perguntar como um conjunto específico de pessoas, por exemplo, um homem e suas três mulheres vivenciam a instituição que nós, ocidentais, denominamos de poliginia (ABU-LUGHOD, op. cit., p. 475).

Embora os rastros e ecos dessa discussão ainda ecoem forte no fazer antropológico da época atual, o fato concreto é que mesmo alguns autores, como James Clifford, que veem a "cultura como um conceito *profundamente comprometido*" (grifo da autora, no sentido de desqualificado), ainda não conseguiram dele se livrar, dado seu inestimável trabalho intelectual. Assim, o momento de abandoná-lo continua sendo permanentemente adiado (CLIFFORD, 1988, p. 10). Para Sahlins (1997, p. 41), entretanto, a:

---

[5] Antropólogos dos países que são ex-colônias.
[6] Tradução livre do original: *If culture shadowed by coherence, timelessness and discreteness, is the prime anthropological toll for making other and difference, as feminists and halfies reveal, tends to be a relationship of power, than perhaps anthropologists should consider strategies for writing against culture.*

cultura não tem a menor possibilidade de desaparecer enquanto objeto principal da antropologia – tampouco aliás, enquanto preocupação
fundamental de todas as ciências humanas [...] a cultura não pode
ser abandonada, sob pena de deixarmos de compreender o fenômeno
único que ela nomeia e distingue: a organização da experiência e da
ação humana por meios simbólicos.

E continua:

as pessoas, relações e coisas que povoam a existência humana mani-
festam-se essencialmente como valores e significados – significados
que não podem ser determinados a partir de propriedades biológicas
e físicas (SAHLINS, 1997, p. 41).

No entanto, o que essa observação implica, do ponto de vista teórico e conceitual? Para melhor percerbemos suas implicações, é importante fazermos
uma distinção entre cultura e culturas, que, apesar de nem sempre ser feita, é
fundamental para as questões levantadas serem mais bem contextualizadas.

Cultura e culturas

Cultura, no sentido antropológico do termo, diz respeito à dimensão
simbólica da realidade. Refere-se à capacidade humana de simbolizar e
de atribuir significado ao mundo a seu redor. Cultura é, assim, destituída de
conteúdo específico e composta de processos cognitivos de construção
de sentido como oposição binária, alternância, entre outros que se organizam de forma sistêmica; em outras palavras, o significado dos termos
é relacional, invariavelmente originado da relação com os demais. Com
base nessa constatação, Sahlins (1997) afirma a impossibilidade de a cultura desaparecer, pois ela é uma capacidade intrínseca a "ser humano". É
por isso, também, que os antropólogos dizem não haver sociedade sem
cultura, querendo afirmar que não existe um grupo humano que não tenha sistemas de atribuição de sentido, ou seja, que não organize simbolicamente sua realidade. O conceito de caos, para os antropólogos, não
é desarrumação e/ou desordem, mas justamente a ausência de sentido.
Caso houvesse vida social humana sem dimensão simbólica, a cultura seria determinada geneticamente, como acontece entre os animais. Como
defende Clifford Geertz (1973), nascemos com a capacidade de vivermos

mil vidas ou qualquer vida, mas só nos constituímos como seres humanos com o auxílio de uma cultura específica e particular.

Culturas, por outro lado, são as múltiplas possibilidades de conteúdo que esse conjunto de processos formais e cognitivos de atribuição de sentido adquire concretamente por meio de sociedades ou grupos sociais específicos. Daí a diversidade e a multiplicidade de "estar no mundo" que as inúmeras sociedades desfilam perante nossos olhos. Estamos falando, nesta segunda perspectiva, de culturas específicas, de modos particulares e idiossincráticos de "organizar simbolicamente a realidade", de rechear empiricamente o resultado das relações entre essas dimensões cognitivas e formais do tipo cultura brasileira, francesa, norte-americana, entre outras. Enquanto a oposição, no primeiro caso, seria entre cultura e não cultura, no segundo, é entre as culturas em si.

Alguns antropólogos, como Lévi-Strauss (2005), Sahlins (2003), Dumont (1966), concentram-se mais nas questões referentes à cultura, enquanto Ruth Benedict (1943; 1961) e Roberto DaMatta (1979; 1997), por exemplo, voltam-se mais para a noção de culturas, tal como quando discutem a cultura zuni e a cultura brasileira, respectivamente.

Tanto a cultura como as culturas levantam diferentes questões teóricas e metodológicas. No caso da crítica pós-moderna ao conceito de **cultura**, as questões levantadas estão, na verdade, muito mais relacionadas com a descrição das **culturas**, ou seja, como etnografá-las de modo a dar conta de seu dinamismo interno, da capacidade de posicionamento (do inglês, *positionality*) do antropólogo e de quem fala ("nativo"), dos conflitos, da coesão interna e das fronteiras (Abu-Lughod, 1991), do que com a noção de cultura. Vale ressaltar que, neste último caso, as questões se vinculam a como esse sistema simbólico se altera, qual é sua homogeneidade e coesão interna, como a cultura dá conta da dimensão histórica (Lévi-Strauss, Sahlins e Sartre), qual a autonomia da cultura e de sua relação com a prática social, entre outras.

Entretanto, o que vem a ser, concretamente, essa habilidade humana de simbolizar, de atribuir sentido em que se constitui a cultura? Didaticamente, simbolizar vem ser a aptidão para classificar e ordenar, para instituir os domínios da experiência humana, substituindo o caos, a ausência de sentido, por um mundo inteligível. Classificar é, portanto, uma das tarefas mais importantes da vida social. Durante boa parte de nosso tempo, estamos envolvidos em operações de separação, distinção e de nominação. Por se tratar de uma tarefa crucial e lenta, o processo de socialização humana é demorado, diferentemente dos animais, que já sabem como se comportar assim que saem do útero materno. No nosso caso, uma das primeiras tarefas do processo de socialização compreende a transmissão de procedimentos classificatórios. Ensinamos as crianças a distinguir entre o pai e a mãe, entre o que é perigoso e proibido e o que é permitido, mesmo antes de elas falarem, porque, embora intimamente ligada à linguagem, a cultura é feita de símbolos e significados, de conceitos que preexistem ao falar (INGOLD, 1996). À medida que a criança cresce e se torna apta a lidar com o mundo, outras instituições começam a fazer parte do processo de socialização: amigos, escola, sociedade de modo geral.

Entretanto, classificar não é o todo da dimensão simbólica. Se assim o fosse, para nos comunicarmos com outras culturas bastaria termos um catálogo de seus sistemas classificatórios e segui-los à risca em nossas relações com outros universos simbólicos. Na vida social, é necessário mais, precisamos de outro procedimento cognitivo importante: interpretar. Após distinguir e classificar, torna se essencial articular, relacionar, contextualizar, em suma, interpretar.[7] No entanto, o que vem a ser interpretar? De forma resumida, seria estabelecer hierarquias de significado, como nos lembra Geertz (1973) em seu famoso exemplo da piscadela. Interpretar significa saber distinguir quando uma piscadela é um tique nervoso, uma imitação, uma conspiração e, eu acrescentaria, um "flerte". O significado atribuído ao mundo e às coisas não é fixo, é constantemente relacional, dado pelo contexto em que as ações e as coisas acontecem. Por isso, a cultura é sistêmica. Aprendemos, por exemplo, que mãe é alguém que nos gerou e deu à luz. Todavia, sabemos, também, que ser mãe, de um ponto de vista cultural, não implica apenas o ato fisiológico de conceber e dar à luz, envolve a capacidade de amar e cuidar. Assim, nesse caso, interpretar seria saber quando estamos falando de mãe como uma ligação exclusivamente genética ou como alguém que cuida e ama. Quando falamos que a empresa é uma "mãe" para seus funcionários, não imaginamos que ela "gerou" efetivamente aquelas pessoas, mas que, metaforicamente ela cuida delas e lhes fornece o apoio que uma mãe, no sentido daquela que ama, o faria.

É por isso que os antropólogos dizem que a cultura é semelhante a uma língua, pois ela é composta de símbolos e redes de significados. Entretanto, a cultura, além dos signos linguísticos, usa objetos, fatos e atos para comunicar e representar algo como vestuário, móveis, comida, entre outros. Daí a importância da cultura material, pois, por meio dela, podemos "ler", em um sentido metafórico, aquilo que está sendo dito pelos produtos, pelos serviços, pelas ações das pessoas, e podemos agir e reagir de acordo. Como disse o antropólogo Grant MacCracken (1990, p. 72): "a cultura material (os objetos, as mercadorias, os serviços etc.) torna a

---

[7] Embora, para fins didáticos, tenhamos separado classificação de interpretação, na operação prática, estas ocorrem simultaneamente: classificar é interpretar; atribui hierarquias de significado. Foi justamente essa percepção oferecida por Dumont (1966), que forneceu dinamismo ao estruturalismo francês, com frequência criticado por sua dimensão estática.

cultural material". Ou, em outras palavras, materializa/"objetifica", como diria Miller (1987), nas coisas, as lógicas, os valores e as classificações que existem apenas no mundo simbolicamente constituído.

A comunicação, em seu sentido comercial de propaganda e marketing, é uma das maiores operadoras culturais da sociedade contemporânea. Ela traz do mundo culturalmente constituído categorias e significados que ela, por meio da ideia de conceito do produto, por exemplo, atrela ao conjunto de possibilidades materiais, transformando o mundo anônimo da produção no mundo personalizado da publicidade (MCCRACKEN, 1990; ROCHA, 1990).

Essa dimensão simbólica da realidade, que chamamos cultura, não só constitui a realidade ao nosso redor, mas também molda nossa subjetividade. Como precisamos com frequência de um sistema simbólico para acessar a realidade na qual estamos inseridos, essas classificações/interpretações instauram e organizam, de dada maneira, os domínios de nossa experiência. Ou seja, incluem determinados aspectos e deixam outros de fora, ou combinam elementos no interior de categorias classificatórias específicas, que em outros sistemas simbólicos estariam agrupadas sob outra classificação. É, nesse sentido, que nossa percepção do mundo é invariavelmente parcial e relativa. Assim, quando alteramos nosso sistema de classificação, passamos a perceber outra realidade e um mundo de outras coisas que anteriormente não conseguíamos "ver". Mudar, em uma definição simples, mas contundente, implica, portanto, "redefinir a realidade" (SAHLINS, 2003). Certamente, esta não é uma experiência fácil, ou prazerosa, na medida em que podemos rapidamente entender como será o novo arranjo do ponto de vista cognitivo, mas não conseguimos tão rapidamente "sentir e reagir" dentro da nova realidade.

Se, por exemplo, minha empresa promove uma mudança organizacional que implica transformá-la de uma empresa estruturada em funções hierarquicamente distribuídas para outra organizada por processos, não é muito complicado entender por que determinados processos foram considerados cruciais em detrimento dos demais, nem quais são as novas fronteiras territoriais e hierarquias de poder a que teremos de responder daqui em diante. Entretanto, é muito mais difícil redefinir minha estrutura emocional no que concerne às minhas práticas e representações correspondentes às novas mudanças, pois isso implica alterar minhas relações com meu trabalho, com o poder, com meus colegas, minhas estratégias profissionais e muitos outros aspectos. Essa é a dura experiência que todo e qualquer imigrante enfrenta no novo país em que escolheu viver, na medida em que ele é obrigado a cognitiva e emocionalmente redefinir "seu mundo". Justamente porque classificar não é apenas uma tarefa cognitiva, sem quaisquer outras repercussões. Assim, embora para fins didáticos façamos a distinção entre classificar e interpretar, na prática, ambas caminham juntas; elas são sistemas de valores (DUMONT, 1966).

Originam-se dessa relação complexa e tensa entre o sistema simbólico e a prática social – na medida em que a última não é o reflexo espelhado da primeira – as tensões, as discórdias e os conflitos que permeiam nossa vida social. Embora toda e qualquer ação se inscreva em um espaço de significado compartilhado e se expresse por símbolos – caso contrário a comunicação seria impossível –, isso não significa consenso, ou seja, ter a mesma avaliação moral ou emocional sobre o que ocorre. Aliás, como bem indica Sahlins (2003), o sistema simbólico é **permanentemente posto a prova pelas práticas sociais**.

Essa "coerência de significado compartilhado" não garante ausência de conflito, de disputas e de discórdias, pois, na prática, a "prática social" também é informada por outros aspectos como as estruturas de poder, a posição dos atores e as restrições materiais. Essas, embora, por um lado, estejam "fora da cultura", são, também, expressas e interpretadas por sistemas simbólicos. Nesse sentido, as representações sociais são também práticas sociais. Por isso, práticas e representações são igualmente constitutivas e constituintes da vida social.

Nos últimos dez anos, a ênfase das discussões sobre o conceito de cultura tem justamente recaído nas relações entre os sistemas simbólicos e a prática social. O motivo dessa nova ênfase, sugerido por Sewell (1999), encontra-se no fato de que os "antropólogos que pertencem à escola da cultura como um sistema de símbolos tendiam/tendem a selecionar símbolos e significados que se agrupam em sistemas coerentes e ignoram os relativamente fragmentados e incoerentes, confirmando, assim, a hipótese de que os símbolos e os significados formam sistemas coerentemente organizados" (SEWELL, op. cit., p. 47),[8] como é o caso de Schneider, Benedict, Turner e do próprio Geertz, entre muitos outros. Mesmo que esses profissionais estivessem conscientes desses dilemas, a forma da escrita etnográfica não propiciava a presença dessa tensão nos textos. Daí a necessidade imperiosa de levarmos em consideração a explicitação desses dilemas, apresentados de forma contundente pelos pós-modernos.

Na minha perspectiva, contudo, essa explicação invocada por Sewell não é suficiente para dar conta dessa ênfase. Para mim, a morfologia da sociedade contemporânea tem levado à intensificação e à interação de fluxos de signifi-

---

[8] Tradução livre do original: *...anthropologists who belong to this school tend to select symbols and meanings that cluster neatly into coherent systems and pass over those that are relatively fragmented or incoherent, thus confirming the hypothesis that symbols and meanings indeed from tightly coherent systems.*

cados, desenraizados e transnacionais com outros geograficamente mais restritos (HANNERZ, 1996). A globalização dos transportes, das comunicações e as novas mídias digitais só fizeram intensificar a complexidade das relações entre os sistemas simbólicos e as práticas sociais, levando-nos à necessidade de utilizar novas categorias analíticas como fluxos, hibridização, fronteiras, entre outros, que procuram dar conta da fluidez e porosidade dos sistemas simbólicos, tanto enquanto **cultura como entre e intraculturas**. A expertise e as experiências em determinadas áreas, bem como as diferenças de classe e o acesso à educação e à informação, permitem que grupos distintos conheçam mais elementos que outros de um mesmo universo simbólico e percebam uma única realidade de múltiplas ou diversas perspectivas. Devemos pensar as culturas concretas como espaços de intensa negociação simbólica, de conflito e, também, de compartilhamento. Embora essa complexidade fosse reconhecida anteriormente, hoje tornou-se evidente a necessidade imperiosa de trabalharmos mais nessas diferenças, heterogeneidades e interseções. Admitir isso não significa negar a dimensão sistêmica do sistema simbólico. Apenas percebê-la como aberta e porosa, e não autocontida e fechada.

Considerações finais

Minha intenção nessa oportunidade foi justamente retomar algumas questões teóricas relativas ao conceito de cultura, hoje extremamente difundido além dos muros da antropologia e muitas vezes empregado como um significante em estado futuro, passível de flutuar de um significado para outro. Essa minha preocupação visa evidenciar a complexidade a que está submetido o conceito de cultura, principalmente no contexto da sociedade contemporânea, no interior da qual trafegam, com velocidade, fluxos e símbolos através das fronteiras físicas e culturais. Creio que os tópicos anteriores demonstraram claramente o que está em jogo. Sistemas simbólicos, representações, cultura como prática, sistemas de práticas, entre outros termos comumente utilizados, sinalizam para a necessidade imperiosa de unirmos essas duas dimensões em nossas análises, ao mesmo tempo em que qualificamos nossa posição no contexto etnográfico. Práticas envolvem representações, da mesma forma que representações são em si práticas, e ambas são constitutivas e constituintes da noção de cultura.

Trabalhamos unicamente com a cultura como representação e com os discursos como textos, e ficarmos à mercê da capacidade interpretativa e literária de quem escreve, deixando à margem a intricada relação entre o simbólico enquanto prática e a prática simbolicamente informada.

Referências

ABU-LUGHOD, L. Writing against culture. In: RICHARD, G. F. *Recapturing Anthropology*: working in the present. Santa Fe: School of American Research Press, 1991.

BARBOSA, L. *Cultura e empresas*. Rio de Janeiro: Jorge Zahar, 2002. (Coleção Ciências Sociais Passo a passo)

BENEDICT, R. *Patterns of culture*. Nova York: The Mariner Books Edition, 1943;1961.

CLIFFORD, J.; MARCUS, G. E. *Writing culture*: the poetics and politics of ethnography. Berkeley: University of California Press, 1986.

DAMATTA, R. *Carnavais, malandros e heróis*. Rio de Janeiro: Rocco, 1979.

_____. Relativizando o interpretativismo. In: CORRÊA, M.; LARAIA, R. (orgs.). *Roberto Cardoso de Oliveira*: homenagem. Campinas: Unicamp, 1992.

_____. *A casa e a rua*. Rio de Janeiro: Rocco, 1997.

_____. Relativizando o interpretativismo. In: CORRÊA, M.; LARAIA, R. (orgs.). *Roberto Cardoso de Oliveira*. Brasília: Paralelo, 15 editores, 2001.

DUMONT, L. *Homo hierarchicus*. Paris: Gallimard, 1966.

GEERTZ, C. *A interpretação das culturas*. Rio de Janeiro: Jorge Zahar, 1973.

HANNERZ, U. *Transnational connections*. Londres: Routledge, 1996.

INGOLD, T. *Key Debates in anthropology*. Londres: Routledge, 1996.

KROEBER, A. L.; KLUCKHOHN, C. *Culture*: a critical review of concepts and definitions. Cambridge: Papers of the Peabody Museum of American Archaeology and Ethnology, Harvard University, 1952. v. 47, n. 1.

Levi-Strauss, C. *O pensamento selvagem*. São Paulo: Papirus, 2005.

LINTON, R. *The study of man*. Nova York: D. Appleton-Century, 1936.

MACCRACKEN, G. *Culture and consumption*. Bloomington: Indiana University Press, 1990.

MILLER, D. *Material culture and mass consumption*. Nova York: Basil Blackwell, 1987.

RADCLIFFE-BROWN, A. R. On social structure. In: *Structure and function in primitive society*. Nova York: Free Press, 1940.

ROCHA, E. *Magia e capitalismo*: um estudo antropológico da publicidade. 2. ed. São Paulo: Brasiliense, 1990.

SAHLINS, M. *Ilhas de história*: Rio de Janeiro: Jorge Zahar, 2003.

_____. O pessimismo sentimental e a experiência etnográfica: por que a cultura não é um "objeto" em via de extinção (parte I). *Mana*, Rio de Janeiro, v. 3, n. 1, p. 41-73, abr. 1997.

SAPIR, E. Do we need a superorganic?. *American Anthropologist*, Arlington, v. 19, p. 441-447, 1917.

SCHNEIDER, D. *American kinship system*: a cultural account. Englewood Cliffs:, The University of Chicago Press, 1968.

SEWELL, W. H. The concept of culture. In: BONNELL, V. E.; HUNTE, L. *Beyond the Cultural Turn*: new directions in the study of society and culture. Berkeley: University of California Press, 1999.

WHITE, L. The concept of culture. *American Anthropologist*, Arlington, v. 61, 1969.

ORGANIZAÇÃO DA CULTURA E CULTURA DAS ORGANIZAÇÕES

Lucrécia D'Alessio Ferrara

Origens do conceito

No pensamento grego e nas origens do cosmos como construção dos homens, encontra-se não apenas o conceito de organização, mas, sobretudo, a filiação à cidade como lócus de sua gênese e de sua capacidade de promulgar regras capazes de estabelecer as bases de relações entre os indivíduos, codificadas como um contrato que define os princípios positivos, porquanto adequados ao estabelecimento da vantagem comum e recíproca. Jean Pierre Vernant, conceituado estudioso e conhecedor desse pensamento ancestral, é decisivo ao afirmar a relação entre organização e cidade como origem do cosmos humano:

> Percebe-se [...] como a relação social assimilada a um vínculo contratual, e não mais a um estatuto de domínio e submissão, vai exprimir-se em termos de reciprocidade, de reversibilidade. [...] Não se trata mais [...] de encontrar a escala que faça os poderes proporcionais ao mérito e que realize entre elementos diferentes, dissonantes mesmo, um acorde harmônico, mas de igualar estritamente entre todos a participação na *arché,* o acesso às magistraturas, fazer desaparecer todas as diferenças que opõem entre si as diversas partes da cidade,

> unificá-las por mistura e fusão, para que nada as distinga mais, no plano político, umas das outras. [...] A organização administrativa responde, pois, a uma vontade deliberada de fusão, de unificação do corpo social (VERNANT, 2008, p. 102-106).

Essa citação define a relação que se estabelece entre varáveis fundamentais: relações humanas e organizacionais que encontram, na cidade, o lugar primordial que as faz acontecer e as referencia. A correlação entre essas variáveis constituirá o nexo fundamental do trabalho que desejamos desenvolver para estudar a relação entre a organização da cultura e a cultura das organizações.

Propositalmente, o jogo conceitual e metafórico não é aleatório, mas define uma tensão vital subjacente aos conceitos de cultura e de organização no decurso das respectivas transformações históricas que os afastaram daquela origem grega, na qual a cultura se evidenciava como prática de organização das relações humanas, voltadas para um fim de interesse comum na cidade. Entretanto, na própria origem grega, relações humanas e organização, encontram-se e complementam-se com outra variável fundamental:

> A razão grega não se formou tanto no comércio humano com as coisas quanto nas relações dos homens entre si. Desenvolveu-se menos com as técnicas que operam no mundo que por aquelas que dão meios para domínio de outrem e cujo instrumento comum é a linguagem: a arte do político, do reitor, do professor. A razão grega é a que de maneira positiva, refletida, metódica, permite agir sobre os homens, não transformar a natureza. Dentro de seus limites como em suas inovações, é filha da cidade (VERNANT, 2008, p. 143).

Cultura, comunicação e organização, portanto, encontram-se no território físico e social da cidade, e é nela que se edificam as bases de suas definições. Se pesquisarmos essas bases, verificaremos que não são pacíficas, ao contrário, são tensas e plenas de contradições, por se configurarem no próprio ritmo histórico de seus desenvolvimentos. Em outras palavras, não são conceitos abstratos, mas visões de mundo, concepções ou ideologias que marcam as periodizações históricas e transformam a vida social.

Sendo filha da cidade enquanto lugar construído pelo homem para eixo de decisões coletivas, a cultura parece se opor à natureza, por passar a atribuir a fecunda resposta do homem à necessidade de superar os obstáculos que a natureza apresenta à subsistência e à vida, e, por isso, fica a designar, em sentido amplo, a identidade entre sociedade, nação ou civilização:

> Cultura é a unidade da natureza bruta do homem, como todas as artes e ciências por ele adquiridas ao deslocar-se do estado de natureza para a sociedade civil. A cultura restitui a totalidade perdida do primeiro homem em nível superior, onde as suas faculdades podem se desenvolver plenamente sem contradição entre os desejos da natureza e os imperativos morais de sua vida social (BLOOM, 1989, p. 231).

Indiscutivelmente, obedecendo ao interesse relacional entre as variáveis citadas, para entender a comunicação, é imprescindível atingir sua realidade fenomenológica em sentido amplo, a fim de ser possível identificar a especificidade que a faz distinta da informação: supõe troca, mediação, resposta, mais ou menos livre, a uma provocação ou a um estímulo, que violentam a sensibilidade, a percepção, o corpo ou as ideias para criar espaços de contato, influência, ruptura, penetração:

> a comunicação realiza-se no plano da interação entre duas pessoas, nos diálogos coletivos onde esse novo tem chance de aparecer, onde o acontecimento provoca o pensamento, força-o, onde a incomunicabilidade é rompida e criam-se espaços de interpenetração (MARCONDES FILHO, 2009, p. 64).

Quase se confundindo com comunicação – porque lhe é um predicativo ou qualificativo –, a organização é, mais propriamente, entendida e designada como organizacional e abrange o campo dedicado ao estudo da comunicação que se "desenvolve no contexto das organizações sociais e nas interfaces de relacionamento com seus públicos [funcionários, clientes, associados, fornecedores, imprensa, concorrentes]" (CURVELLO, 2009, p. 68). Embora esse conceito seja reiterativo ao próprio conceito de comunicação, é indispensável anotar o caráter de interface entre interlocutores que constitui a mediação da comunicação organizacional, pois é dela que emanará o caráter cultural em estudo:

> As políticas culturais se baseiam em três constatações. A primeira mostra que as indústrias culturais são um ramo importante da econo-

mia. Elas criam empregos [...] a segunda constatação é que o setor das indústrias da cultura inclui a mídia. E é a mídia que permite que grupos privados e o Estado exerçam um maior ou menor controle sobre a comunicação cultural e a informação.[...] A terceira constatação é que a transmissão das tradições culturais se apoia no patrimônio herdado do passado.[...] Consequentemente, políticas culturais são elaboradas em todos os níveis: na cidade, na região, nos países, em organizações internacionais (WARNIER, 2000, p. 97-98).

Organizações na cultura e na comunicação do mundo moderno

A implantação da primeira Revolução Industrial se deve ao desenvolvimento de tecnologias e invenções decisivas para a construção de um momento vital para a civilização ocidental: a máquina a vapor de James Watt (em 1769) e a indústria extrativa do carvão, do ferro e de outros materiais substituíram o carvão vegetal e permitiram o desenvolvimento de indústrias pesadas como as metalúrgicas, definitivas para a abertura de meios de produção de energia cada vez mais eficientes.

Contudo, a sedimentação desse progresso exigiu, para sua consecução, a caracterização de novas modalidades sociais e humanas que possibilitaram a expansão daquela industrialização. A concentração de trabalhadores em um mesmo local deu origem às fábricas, mas a inauguração de novas formas produtivas produziu uma confusão entre novidades mecânicas e atividades humanas. O desenvolvimento da técnica e do conhecimento científico atinge a escala industrial e, especializando a atividade econômica, viabiliza o desenvolvimento de técnicas produtivas em série e em linha de montagem que diminuem o tempo de trabalho e especializam a produção, ao mesmo tempo em que estimulam o consumo: eis a primeira revolução industrial mecânica.

A expansão do novo sistema produtivo levou à concentração populacional em cidades, que passou a se deparar com a necessidade de ordenar os fluxos da produção, do trabalho, das necessidades humanas básicas como moradia, higiene e transporte, ao mesmo tempo em que enfrentava a necessidade de ordenar os processos de mediação e troca cultural. Simultaneamente à exigência de concentração populacional em cidades por parte da industrialização, para atender à necessidade de farta mão de obra solicitada pela produção industrial, o século 19 inaugura a ideia de nação entendida não apenas como estrutura política ou administrativa, mas, sobretudo, como consciência coletiva capaz de irmanar os membros de uma coletividade no interior de uma unidade de crenças, valores, comportamentos e línguas. Essa revolução foi a base da natureza urbana da comunicação. No plano sociopolítico, surge o Estado-nação, a quem cabe implantar e sedimentar a ordem necessária ao controle da eficiência produtiva. O Estado-nação eclode como o grande ordenador das comunidades e constituinte da ordem moderna que se desenvolve como sua grande invenção e sucedâneos da sua imagem e destino históricos.

Sem prestar atenção às suas contradições internas, porque elas não lhe chamavam a atenção, o moderno volta-se para a edificação de uma ordem planejada na ação e defendida pela comunicação, que se consolida como instrumento em defesa da ideologia proposta por legisladores e pensadores. Essa atmosfera define o berço da comunicação como ciência social, que, embora historicamente marcada pelo programa moderno, sempre esteve ao alcance do fantasma pós-moderno que assinala a contradição entre a ordem e seu desencanto, entre a certeza e a ausência de valores. Em sua gênese, porém, a comunicação foi uma ciência genuinamente moderna:

> A moderna humanidade se vê em meio a uma enorme ausência e vazio de valores, mas, ao mesmo tempo, em meio a uma desconcertante abundância de possibilidades.[...] Em tempos como esses, "o indivíduo ousa individualizar-se". De outro lado, esse ousado indivíduo precisa desesperadamente "de um conjunto de leis próprias, precisa de habilidades e astúcias, necessárias à autopreservação, à autoimposição, à autoafirmação, à autolibertação" (BERMAN, 1987, p. 21).

Esse berço é o ambiente adequado para fazer com que a comunicação se identifique com o programa que a definirá durante décadas: um instrumento a serviço do Estado ou de um interesse que, situado no âmbito e às ordens de um emissor definido e único, encontra na eficiência de sua competência técnica e/ou tecnológica um aliado passivo e obediente para a consecução de um plano homogêneo e universalizado.

Programa-se uma atuação comum na pressuposição de que o receptor é passivo e unidimensional: na administração dessa comunicação, é natural que os empirismos capazes de testar efeitos cada vez mais exigentes para a consecução do plano estabelecido pelo emissor surjam como estratégias de quantificação dos planos e de seus efeitos. A comunicação surge como um instrumento a serviço de um emissor implícito ou explícito e como uma estratégia de ação planejada, tendo em vista efeitos a serem obtidos.

Mais propriamente uma técnica do que uma ciência, a comunicação é um recurso para o qual se apela quando estão envolvidos efeitos a serem alcançados e sempre que seja preciso adequar a realidade à necessidade de uma organização homogênea e sólida: uma comunicação empírica para uma atuação administrada e para um efeito administrativo. Nessa conjuntura, a comunicação é, antes de tudo, uma prática tendo em vista um efeito de organização; confluem comunicação, organização e empresa, voltadas para a ação massiva planejada, e essa cultura pragmática e utilitária as aproxima durante longas décadas.

Estratégias culturais na comunicação das organizações

A longa incursão histórica anterior não deixa dúvidas de que a inserção cultural da comunicação foi de ordem instrumental e essa realidade marcou e definiu uma contradição básica: confundia-se a natureza tecnológica e/ou técnica dos meios com seus efeitos, de sorte que ao primeiro deveria corresponder o segundo, sem qualquer dúvida em relação a seu desempenho, visto que, enquanto instrumento, entendia-se que os meios atuariam com neutra eficiência. Mais uma vez, confundem-se meios e relações comunicativos, compreendendo-os como vetores sinônimos. Desse sentido, decorre que o uso de tais instrumentos de comunicação no âmbito das organizações deveria produzir o efeito adequado a uma padronização das ações e das consciências:

> a evolução de um simples meio de distribuição para um meio de comunicação não é um mero problema técnico. Ela é evitada conscientemente, por boas ou más razões políticas. [...] a diferenciação técnica entre emissor e receptor reflete-se na divisão de trabalho entre produtores e consumidores da sociedade; esse mecanismo adquire intenso contorno político na indústria da consciência. Em última análise, essa evolução reside na contradição básica entre classes dominantes e dominadas (de um lado, o capital monopolista ou burocracia monopolista e, de outro, as massas dependentes) (ENZENSBERGER, 2003, p. 17).

Na manipulação programada e assistida por interesses que podem nada ter a ver com comunicação ou organização, estabelece-se uma atmosfera de aparente ordem que, como hábito, parecia ser um fator decisivo para estabelecer um modo único de ver, agir ou pensar. Nessa concepção utilitária, a organização comandou a dinâmica da produção industrial, e a cultura comandou o hábito voltado para a atividade comercial e para o consumo, ao mesmo tempo em que estimulou o deslocamento de grande contingente populacional para atender a estruturas produtivas que exigiam mão de obra numerosa e pouco onerosa, criando o conceito de multidão e, posteriormente, o de público.

A consequência foi o impetuoso crescimento demográfico e a imposição de expandir a cidade além de seus anteriores limites. A cidade cosmopolita se transformou em metrópole, e a expansão caracteriza uma nova etapa de seu sistema, o qual, agora, é definitivamente industrial, mas transitório em seu espaço físico e em sua produção; o fetiche da mercadoria é substituído pela descartabilidade e pela obsolescência que programa uma estratégia do desperdício, ao mesmo tempo em que a expansão exige sempre mais e outros espaços. Em poucas décadas, a cidade enfrenta uma paisagem dúplice: no início, sua visualidade é dominada, simultaneamente, pelas chaminés e pelas fábricas como signos de uma indústria que, emergente, era ativa e eficiente dentro de um programa estável comandado pelo fordismo; posteriormente, as fábricas, antes vivas e dinâmicas, dão lugar aos espaços deteriorados e obsoletos que permanecem como fantasmas do prestígio perdido.

Naquela pragmática inicial, convergiam relações comunicativas e interesses organizacionais, e ambos se aproximam do clima de comunicação instrumentalizada para produzir a organização empresarial de forte impacto durante toda a primeira metade do século 20 até as primeiras décadas da segunda. Surge a reunião entre comunicação instrumental voltada para efeitos organizativos entendidos na dimensão de massa, que se incorpora à polissemia que o Estado-nação trouxe ao termo cultura.

Antes do século 19, a semântica da palavra cultura correspondia a uma demarcação espacial, local ou regional que se equilibrava entre a tradição a ser mantida e a desconfiança em relação a qualquer novidade ou mudança, ou, no máximo, identificava a procura de um equilíbrio entre a manutenção de traços identitários tradicionais e a flexibilidade que supõe tolerância ou, até mesmo, desinteresse. É possível, porém, resgatar, no longo curso de uma história cultural aparentemente estática, claras, embora sutis, dimensões simbólicas que podem conotar alguma variação naquele quadro cultural.

Com a emergência da ideologia do Estado-nação e, com ela, da industrialização e das novas e maiores possibilidades comunicativas facilitadas pelo desenvolvimento dos meios de transporte, estava aberto o caminho para o contágio entre culturas locais e certa desterritorialização que daria origem a um interculturalismo montado, paradoxalmente, de um lado, pelo contágio inevitável entre culturas e, de outro lado, pela procura de marcas identitárias. Na procura dessa identidade pelo homogêneo, a emergência da cultura da empresa faz todo sentido. Se a comunicação fala pela empresa, a definição de uma cultura da empresa será porta-voz da própria cultura nacional. Esse é o quadro cultural que caracteriza a década de 1970, nos Estados Unidos da América e, os anos 1980, na Europa:

> A noção de "cultura de empresa" não é uma criação das ciências sociais. Teve origem no mundo da empresa e conheceu rapidamente um grande sucesso. É nos Estados Unidos que a expressão aparece pela primeira vez, nos anos 70. [...] Em França, a noção aparece no início dos anos 80 no discurso dos responsáveis de gestão. É significativo que o tema da cultura de empresa se tenha desenvolvido num momento de crise econômica. É provável que o sucesso que o tema obteve tenha ficado a dever ao fato de parecer dar uma resposta à crítica que as empresas suscitavam em pleno período de crise de emprego e de reestruturação industrial. Frente à dúvida e à suspeita, o uso da noção de cultura representava, então, para os dirigentes de empresa, um meio estratégico visando obter dos trabalhadores a identificação com e a adesão aos objetivos por eles definidos (CUCHE, 1999, p. 159).

A paisagem que ostentava as grandes arquiteturas das fábricas com suas chaminés e um território urbano definitivamente marcado pela rotina de trabalho e produção das vilas operárias foi rapidamente substituída pelos esqueletos das arquiteturas anteriores, que passaram a povoar os antigos territórios industriais, definitivamente alijados de seu prestígio, pela expansão acelerada em tecnologia e produção e pela decadência dos sistemas culturais de organização antecessores, voltados para o capital da empresa e auxiliados pela comunicação instrumental. É a pós-industrialização e o pós-fordismo, responsáveis por inúmeras e grandes áreas urbanas degradadas em função, uso e valor. Aceleração, crescimento, expansão, degenerescência passam a ser as características da metrópole, e seus signos são as marcas simultâneas do apogeu e da decadência.

A década de 1970 marcou a primeira grande crise mundial do petróleo com alta cotação do produto, na medida em que se começava a denunciar que o homem consumia mais que devia e era responsável pelo desgaste das capacidades biológicas da natureza. Naturalmente, as empresas envolvidas com a exploração desses recursos naturais começaram a sofrer críticas, quando não eram diretamente responsabilizadas pela precária qualidade de vida decorrente daquelas dificuldades ambientais, sociais e econômicas.

A noção de cultura da empresa surge como resposta estratégica, isto é, igualmente utilitária e comunicativamente planejada, para enfrentar, ao mesmo tempo, as decorrências da crise econômica que ameaçava a empresa e a necessidade de acentuar sua marca, por meio de um conjunto de valores e comportamentos que identificassem a empresa como adequada e bem-vinda. Procurava-se encontrar soluções que, ao mesmo tempo, fossem suficientes para projetar, junto ao consumidor e junto ao próprio operário da empresa, a fidelidade ao consumo, a dedicação ao trabalho e as metas institucionais: a comunicação da empresa passa a voltar-se para a implantação e sedimentação simbólica da própria organização empresarial.

Organizações simbólicas na comunicação da empresa como cultura

Buscava-se revitalizar ou, até mesmo, criar um processo comunicativo, cada vez mais radical na definição de sua singularidade e diferença. Da organização à ação, da produção ao produto, da comunicação instrumental à empresa, fala-se de uma única cultura que se manifesta como um modo de ser: inevitavelmente, é necessário selar a identidade da empresa, a fim de garantir a qualidade da ação que objetivava promover a interatividade com o operário e o consumidor, envolvendo-os e tornando-os cúmplices da mesma estratégia cultural e organizativa. Associam-se a empresa, sua marca de identidade, seu estilo cultural e, mais do nunca, a comunicação atua como mídia: a comunicação se transforma em espetáculo que encena, na publicidade, a empresa e sua identidade.

Seguindo o exemplo do que aconteceu no passado com o Estado-nação, a globalização da economia como realidade histórica passa a ser trabalhada pela organização da empresa e a "mundialização" da cultura é realidade definitiva. A criatividade cultural deve ser um argumento sólido para a recriação, renovação e manutenção da produção, que, agora, deve falar para o mundo. Para essa interlocução, a tecnologia digital concentra e superpõe o espaço e o tempo na realidade das redes virtuais, enquanto a organização da cultura da empresa, por sua vez, deve flexibilizar-se. Desde meados da década de 1980, Alvin Toffler apontava para a necessidade urgente de revisão da empresa tradicional que deveria emergir como "empresa flexível":

> Há duas décadas, quando eu adverti que o fim da Civilização Industrial estava próximo, a declaração parecia melodramática. Agora, à medida que mais e mais chaminés de fábricas desmoronam ao nosso redor, sociólogos, historiadores e executivos chegam à mesma conclusão [...] quando uma onda de mudança tão grande se lança contra a sociedade e a economia, os executivos tradicionais, acostumados a operar em águas mais seguras, são tipicamente lançados ao mar. Os hábitos de uma vida inteira – os próprios hábitos que os ajudaram a alcançar o sucesso – tornam-se agora contraproducentes. [...] E o mesmo acontece com as empresas. Os próprios produtos, procedimentos e formas organizacionais que as levaram ao sucesso no passado muitas vezes se tornam a sua ruína. Na verdade, a primeira regra de sobrevivência é bem clara: nada é mais perigoso do que o sucesso de ontem (TOFFLER, 1985, p. 13-14).

A antiga homogeneidade que irmanava produção, reprodução, cultura e organização na associação entre comunicação e empresa deve ser revista porque, agora, a empresa precisa atender às solicitações do mercado, à concorrência na oferta de serviços voltados para necessidades, até então, desconhecidas. A comunicação interna à empresa homogênea e organizada como um estilo ou um modo de ser enfrenta a necessidade de se comunicar, ao mesmo tempo interna e externamente, e fazer com que a flexibilidade a reinvente, comunicando, em outro nível, a estabilidade de sua organização, que, agora, deve falar ao mundo. Em outras palavras, se a identidade da empresa-nação se fazia notar, de modo indubitável, pela simetria e convergência que conotavam poder, ordem e hierarquia necessários a uma empresa que, como expressão única, procurava um modo de construir sua identidade interna; a empresa-mundo, ao contrário, precisa definir-se entre outras empresas congêneres, portanto, enfrentar o desafio de uma constante indecisão, porque se confronta com uma diversidade de estilos e modos de ser produtivos, reprodutivos e culturais.

A cultura de organização da empresa-mundo enfrenta a disparidade de outras organizações, embora permaneça a indispensável necessidade de identificar-se e revelar-se entre elas. Surge a reflexão criativa que impõe a necessidade do cultivo da marca, da identidade corporativa que constitui outra meta da comunicação organizacional. A identidade da empresa-mundo deve superar a identidade que se considerava segura por ser reconhecida em sua unidade, para desenvolver a possibilidade de outra identificação vigorosa, mas assinalada pela flexibilidade e leveza disponíveis à identificação, entre muitas e várias, e, talvez, ao heterogêneo. Na exigente caracterização do sistema cultural de signos que distingue a mundialização, os traços semióticos de uma identidade corporativa surgem como instrumentos de discriminação dos elementos que, sendo signos, constituem uma inequívoca identidade. Nesse sentido, cabe certo detalhamento das características semióticas de uma identidade-marca.

Toda marca exige um desenho que constitui uma relação de traços, formas, cores, dimensões, tipografia que devem fazer com que a representação-marca seja capaz de atuar como signo de uma empresa e seja competente para substituí-la e retratar suas características e qualidades específicas. Nesse sentido, todo desenho de identidade corporativa corresponde a uma relação planejada por elementos gráficos, porém sua atuação é apenas instrumental. A marca de uma identidade é da responsabilidade de um design que incorpora, àquele programa, densidades projetivas que exigem atribuir, às anteriores seleções do desenho, cargas informativas que decorrem da relação estabelecida entre variáveis históricas, produtivas, culturais e contextuais de uma empresa e sua indispensável tradução gráfica, tendo em vista a criação da marca (*branding*), que, graficamente, deve ser capaz de sintetizar as características dessas variáveis e produzir uma identidade que vai da marca ao nome, e deste ao logo.

Tendo em vista suas características gráficas, a marca se identifica por intenso apelo visual responsável pela natureza icônica, que, na percepção do receptor, atuará como uma ação informacional, exigindo uma reação de reconhecimento das qualidades e características da empresa. A força dessa ação será responsável pela legibilidade da marca e seu efeito. Em confronto comparativo com outras marcas e empresas, a marca deve produzir uma fixação visual de traços, que, institucionalizados pela frequência expositiva, acabarão por evoluir para uma unidade simbólica atuante no sistema cultural de signos.

Uma identidade corporativa, portanto, constitui a relação semiótica entre qualidades icônicas, índices de legibilidade e reconhecimento simbólico que constituem células de identidade sintetizada na marca. Entretanto, enquanto processo, esse percurso está sempre em desenvolvimento e isso desautoriza qualquer pretensão instrumental-mecânica que redunde em certezas. Ao contrário, a vitalidade da marca corresponde à própria estrutura orgânica, que, acompanhando a própria vitalidade da empresa, estará também em processo contínuo. Desse modo, o processo da marca enfrenta plenitude, desgaste e redesenho.

Migra-se da identidade homogênea para a identificação flexível, mas a passagem da organização centralizada à descentralização supõe algumas alterações culturais que são o desafio semiótico de identificação da nova organização da empresa; ao contrário do que se pode imaginar, o plano de convergência econômica, financeira ou tecnológica não leva à centralização, ao contrário, impulsiona diferenças e divergências:

> A convergência [...] é tanto um processo corporativo, de cima para baixo, quanto um processo de consumidor, de baixo para cima. A convergência corporativa coexiste com a convergência alternativa. [...] As promessas desse novo ambiente de mídia provocam expectativas de um fluxo mais livre de ideias e conteúdos [...] às vezes, a convergência corporativa e a convergência alternativa se fortalecem mutuamente, criando relações mais próximas e mais gratificantes entre produtores e consumidores de mídia (JENKINS, 2009, p. 46).

Em fronteira, firmam-se e reafirmam-se identidades de nações e de instituições, exigindo que, na comunicação interna entre dirigentes e dirigidos, ou externa, entre empresa e sua identidade social, sejam revistos os parâmetros relacionais que se estabelecem entre capital e trabalho, entre organização e comunicação, entre empresa e seu papel social, pois, no confronto comunicativo, tudo se altera: planos, ações, comportamentos, estratégias. Impõe-se superar a organização que concebia a empresa como uma estrutura fixa, na medida em que era comandada pela certeza do capital e pelo lucro estável, pelo fluxo das cambiantes relações comunicativas que acabam por incutir uma partilha entre o capital e o lucro, entre a produção e o consumo, entre a organização como ordem e aquela que se redescobre ao diferenciar-se e desorientar-se.

Se o antigo monoculturalismo do Estado-nação influenciou decisivamente a empresa que planejava superar a diferença cultural para criar uma identidade que expressava unidade sem contradições; a cultura híbrida (CANCLINI, 2008, p. 37) e o transculturalismo (IANNI, 2000, p. 93) que caracterizam os processos de globalização econômica ou de mundialização cultural, ao contrário, contemplam e exibem a fronteira entre culturas em tradução. Isso equivale a dizer que nações, empresas ou instituições não se homogeneízam ou igualam, ao contrário, no processo de operações conjuntas, estarão sendo sempre criadas, recriadas, afinadas e desafinadas.

Referências

BERMAN, M. *Tudo que é sólido desmancha no ar*. São Paulo: Companhia das Letras, 1987.

BLOOM, A. *O declínio da cultura ocidental*. São Paulo: Best Seller, 1989.

CANCLINI, N. G. *Culturas híbridas*. Buenos Aires: Paidós, 2008.

CUCHE, D. *A noção de cultura nas ciências sociais*. Lisboa: Fim de Século, 2003.

CURVELLO, J. J. A. Comunicação Organizacional. In: MARCONDES FILHO, C. *Dicionário da comunicação*. São Paulo: Paulus, 2009.

ENZENSBERGER, H. M. *Elementos para uma teoria dos meios de comunicação*. São Paulo: Conrad Editora do Brasil, 2003.

IANNI, O. *Enigmas da modernidade-mundo*. Rio de Janeiro: Civilização Brasileira, 2000.

MARCONDES FILHO, C. Comunicação. In: MARCONDES FILHO, C. *Dicionário da comunicação*. São Paulo: Paulus, 2009.

TOFFLER, A. *A empresa flexível*. Rio de Janeiro: Record, 1985.

VERNANT, J. P. *As origens do pensamento grego*. Rio de Janeiro: Difel, 2008.

COMUNICAÇÃO E CULTURA: RELAÇÕES REFLEXIVAS EM SEGUNDO GRAU

Vera R. Veiga França

Comunicação e cultura são conceitos que tratam dos sentidos (campo do simbólico) e de sua intervenção no domínio das interações entre os indivíduos. De acordo com a maneira como são interpretados, podem apresentar-se como completamente distintos e separados, marcados por simples relações de vizinhança e funcionalidade. Ao entendermos a cultura como o estoque de conhecimentos, referências e representações acumulados por determinado agrupamento social, e a comunicação como o processo pelo qual tais referências e informações são transmitidas e circulam, temos que a cultura antecede a comunicação, e esta serve àquela, com maior ou menor positividade, conforme sua eficácia e controle das distorções. Tanto a cultura, nessa perspectiva, assume um caráter estático, como a comunicação adquire uma natureza meramente instrumental: a comunicação seria apenas o meio pelo qual a cultura circularia de um grupo para outro, de uma geração para outra.

Sob uma perspectiva distinta, podemos entender a cultura como um sistema de significações produzido no âmbito das práticas sociais por meio das interações comunicativas entre os indivíduos. Por esse caminho, chegamos não apenas à confluência dos conceitos, mas ainda à centralidade dessa dinâmica de constituição e circulação de sentidos para a configuração da própria vida social.

Sobre a comunicação

A comunicação não foi sempre compreendida como processo transmissivo; aliás, em sua origem e até por volta do século 16, o termo se aproximava de "comunhão", "comungar", "tornar comum" – todos originados da mesma raiz latina *communicare* (WINKIN, 1981). É com a modernidade, o desenvolvimento dos meios de transporte e a ampliação do mundo conhecido que o sentido de partilhar se torna secundário, e o sentido de transmitir se impõe. "Do círculo passamos ao segmento" (WINKIN, op. cit., p. 14), da agregação passamos à extensão. O termo perde a especificidade de um compartilhamento humano e passa a recobrir, indistintamente, diferentes meios e processos de transmissão e transporte. Ele associa-se também a um conteúdo político de conquistar, estender, penetrar.

Apesar de esse sentido manter-se até os dias atuais, algumas escolas de pensamento resgataram posteriormente, com novas bases, seu sentido inicial de partilha, momento de encontro e criação comum.[1] Para pensar o processo comunicativo, o pragmatismo americano do final do século 19, início do 20 – em que destacamos W. James, J. Dewey, G. H. Mead –,[2] edificou as bases da matriz interativa, desenvolvida pela Escola de Chicago e consolidada nas décadas seguintes (de 1940 e de 1950, sobretudo) por pesquisadores ligados ao grupo de Palo Alto (G. Bateson e P. Watzlawick), da Filadélfia (R. Birdwhistell) e outros (E. Goffman, por exemplo).[3]

Dois aspectos ou contribuições merecem ser destacados em uma concepção interativa da comunicação. Com Mead (2006),[4] aprendemos que a interação é um agir comum, marcado pela mútua afetação e permeado por gestos significativos (gestos dotados de sentido, ou linguagem). Em interação, dois indivíduos (ou grupos) encontram-se em dinâmica de reciprocidade: um afeta e se vê afetado pelo outro; estímulos produzidos por

---

[1] A perspectiva interacional, trazida pela reflexão de pensadores americanos na primeira metade do século 20, no que tange a sua influência no campo das teorias da comunicação, foi posteriormente suplantada (e abafada) pelo trabalho dos pesquisadores da Mass Communication Research, particularmente o grupo da Universidade de Colúmbia, em que se destacam o papel e a liderança de P. Lazarsfeld.

[2] Além, naturalmente, da figura de seu fundador, C. Peirce (que, no contexto dessa discussão, é menos central). Sobre o pragmatismo, consulte Cefaï e Joseph (2002).

[3] Esses autores compõem o que Winkin nomeou Colégio Invisível, em torno de uma concepção "orquestral" da comunicação.

[4] A obra de Mead, *Self, Mind and Society*, foi publicada originalmente em 1934.

"A" são permeados e orientados pela antecipação do comportamento de "B" (hipótese da recepção). Portanto, longe de uma relação unilateral estímulo-resposta (E-R), ou emissão-recepção, encontramos um movimento de reflexividade, de retroatividade – apenas possível porque os indivíduos aí envolvidos são seres conscientes e seres de linguagem. Gestos dotados de significado são linguagens. É a consciência dos sentidos inscritos nos gestos que nos torna capazes de selecioná-los e de antecipar as respostas de nosso interlocutor; é uma igual consciência deste último que lhe permite reagir seletivamente ao gesto recebido, fazendo de sua resposta um novo gesto que vai incidir retroativamente sobre o primeiro, e assim sucessivamente. Essa concepção não apenas desfaz a lógica transmissiva e a relação mecânica entre um "E" e um "R", substituindo-a por uma circularidade, como destaca a processualidade da interação; ela não é composta de um ato, mas de fases, em que cada uma orienta e se reorienta pela seguinte. Essa interação que se faz pela linguagem é, evidentemente, a comunicação, ou as interações comunicativas.

Do grupo de Palo Alto e Bateson (BATESON, 1988; WATZLAWICK, 1972), aprendemos, entre outras coisas, que a comunicação se faz em dois níveis: conteúdo e relação. Ao comunicar, dizemos alguma coisa (um conteúdo proposicional) ao outro e estabelecemos com ele uma relação; ao falar algo indicamos também, no mesmo movimento, de que maneira e dentro de qual "quadro" essa proposição deve ser compreendida. Temos aí mensagens-conteúdo e mensagens-quadro (BOUGNOUX, 1999). A esse segundo nível, podemos chamar **metacomunicação**: uma segunda comunicação (ou melhor dizendo, informação), que orienta a forma de leitura e de uso da primeira. Uma mensagem-conteúdo não é autoevidente, mas depende, para sua compreensão, das referências oferecidas pela mensagem-quadro: o nível da relação, ou dos quadros,[5] dá o contexto e a proposta dentro da qual determinado conteúdo deve ser interpretado. Num exemplo banal, podemos utilizar uma frase qualquer: "esta é uma grande contribuição para o pensamento comunicacional". Ela pode ser dita para engrandecer ou ironizar um fato e uma pessoa, pode estar inscrita numa relação de respeito e reverência ou numa brincadeira mais ou menos inocente (em uma simples brincadeira, ou uma relação em que se pretende ridicularizar e desmerecer o outro).

As contribuições de Mead e de Bateson se cruzam e se complementam. A mútua afetação que caracteriza uma interação orienta a construção de sentidos e organiza o posicionamento dos atores. Em interação, indi-

---

[5] Sobre quadros e quadros de sentido, veja-se, além de Bateson, também E. Goffman (1991).

víduos falam das coisas e do mundo, mas esse falar é constitutivo tanto da imagem do que se fala quanto dos lugares que ao longo da interação vão sendo construídos e ocupados pelos interlocutores; o que nos permite algumas conclusões sobre a efetiva natureza da comunicação: ela é movimento, ela se define **durante**. O conteúdo que aí é trocado não se define fora da relação de troca, e é a própria relação que estabelece e orienta os sentidos que ela produz.

A aplicação mais imediata e mais visível da dinâmica reflexiva das interações se dá no campo das relações interpessoais: no encontro com o outro, apesar das intenções prévias de que somos portadores, somos reposicionados pela sua presença – sua corporalidade, sua fala, seu olhar – e pelo "rumo" que toma a conversação. Esse "rumo" não é responsabilidade exclusiva nem de um nem de outro, mas produto do encontro e do confronto. Ele é resultado da própria dinâmica da interação. Pensemos em exemplos diversos: uma entrevista de seleção de emprego, a conversa de um casal sobre sua relação, um entendimento professor/aluno a propósito de uma prova. Independentemente do resultado alcançado (estabelecimento de um consenso, consolidação de uma diferença e de um hiato), nos damos conta de que (quase) nunca temos o controle da sequência tomada pela conversação; esta é resultado da contingência e da intervenção singular nem sempre previsível de cada um.[6]

A contribuição desses autores (a matriz interacional), no entanto, revela um alcance que ultrapassa, em muito, o domínio das relações interpessoais. As reflexões contemporâneas evidenciam a pertinência dessa perspectiva analítica para se pensar as comunicações entre grupos e mesmo as práticas midiáticas. J. Thompson (1995) vai nomeá-las "quase-interações mediadas", e J. L. Braga (2006), "interações difusas e diferidas". Assim, guardando a especificidade dos meios do processo e com as distinções resultantes de configurações espaciais e temporais distintas, podemos afirmar que qualquer prática comunicativa – a situação de falar com o outro – traz sempre a marca dos dois e se configura como uma interação. Muitos são os exemplos de modificações originadas por produções e acontecimentos midiáticos com seus públicos, o mesmo se podendo dizer das intervenções do público reorientando a produção. Da campanha do *Criança esperança* mobilizando as doações até as alterações no papel de determinados personagens nas telenovelas em função da maior ou menor

---

[6] É preciso reforçar: nem mesmo nossa intervenção – nossas palavras, atitudes, decisões – são completamente previsíveis em uma interação, em face de estímulos e resistências encontrados.

aceitação alcançada[7], nos damos conta de que uma permanente dinâmica (uma corrente elétrica) acontece entre mídia e audiência, entre os dois polos das interações midiáticas. No entanto, o que importa registrar é que, em qualquer dos casos, não se trata de um vetor causal de sentido único (mídia-público; público-mídia), mas de uma autêntica "conversação" que compreende múltiplos pequenos movimentos, leitura de sinais, maior ou menor sensibilidade para o posicionamento do outro, rearranjos, recomposições.

Enfim, tudo isso reforça a ideia da complexidade dos processos comunicativos, que muito pouco tem do caráter mecânico-transmissivo conferido por alguns modelos e por uma concepção, às vezes, invisível, mas atuante, que reduz a comunicação a sua dimensão instrumental.[8]

E a cultura?

Também a concepção de cultura não pode ser concebida de forma estática. Ela passa por várias fases e formulações, e ainda nos dias atuais, inclusive, conceitos diferentes de cultura coexistem.[9] De acordo com Thompson (1995), é possível identificar quatro tipos básicos de sentido. Em um primeiro momento, a cultura é vista como processo de desenvolvimento intelectual ou espiritual. Distinguindo-se de **civilização**, tal concepção, chamada **clássica**, descreve e agrupa um patrimônio de ideias, valores e obras (do mundo ocidental, vale dizer), que primariam por um maior acabamento e qualidade.[10] Na passagem do século 19 para o 20, com o aparecimento da antropologia, surgem outras concepções. Thompson distingue uma concepção **descritiva** – conjunto de valores, crenças, costumes, convenções e práticas características de determinada sociedade ou período histórico – e uma concepção **simbólica**. Esta última se atém

---

[7] Um exemplo emblemático foi a explosão de um shopping center na novela *Torre de Babel*, exibida, de 1998 a 1999, pela Rede Globo, para eliminar um casal de lésbicas que vinha provocando rejeição em parte da audiência (consulte MARQUES, 2003). Em outra novela, *Caminho das Índias*, exibida, em 2009, pela mesma emissora, registraram-se algumas mudanças e movimentos, como no caso do ator Márcio Garcia (no papel de Bahuan), que, ao não emplacar como principal protagonista masculino, foi substituído pelo colega Rodrigo Lombardi (como Raj) na composição do par romântico central com Juliana Paes (Maya). Outro exemplo: o personagem secundário Sr. Cadore, vivido pelo ator Elias Gleizer, cresceu entre os personagens em função de sua empatia com o público.

[8] Isso dito, é importante realçar que a comunicação cumpre **também** um papel transmissivo. O conceito de instrumental, por sua vez, é equivocado, se assumido mecanicamente como instrumento inerte que serve a propósitos externos. Os conceitos de suporte e dispositivo vêm substituí-lo para configurar a presença de meios que servem e **atuam** no processo de troca e constituição de sentidos.

[9] A diversidade conceitual da cultura é discutida também por Carrieri e Leite-da-Silva (2008).

[10] Essa concepção se identifica com o conceito de cultura erudita ou de elite.

mais especificamente aos fenômenos simbólicos produzidos por grupos e comunidades específicas, e o estudo da cultura, nesse caso, compreende um trabalho de interpretação. A esses três sentidos, Thompson propõe e acrescenta um quarto, uma concepção **estrutural**, que agrega à dimensão simbólica dos fenômenos culturais sua inserção em contextos estruturados e no bojo de relações sociais determinadas.

A visão de Thompson é muito devedora das reflexões desenvolvidas por R. Williams desde os anos 1950 (e sua obras seminais *Culture and Society* e *The Long Revolution*, de 1958 e 1962, respectivamente), que vêm promover a convergência entre duas dimensões: (1) a cultura como "modo de vida global" distinto, "sistema de significações" definido e relacionado ao conjunto das práticas sociais de uma sociedade; e (2) a cultura em seu sentido mais especializado, remetendo-se a atividades artísticas, intelectuais e práticas significativas mais amplas (em que se inclui também a produção midiática). Williams tanto evita a indefinição de um sentido por demais abrangente (o modo de ser de uma sociedade), como uma configuração restritiva (produções espirituais), provocando seu entrelaçamento: "a cultura compreende um *sistema de significações* mediante o qual necessariamente (se bem que entre outros meios) uma dada ordem social é comunicada, reproduzida, vivenciada e estudada" (WILLIAMS, 1992, p. 13). Em outras palavras, a cultura se remete ao campo das significações e representações que não podem ser pensadas fora de sua inserção nas demais esferas da vida social.[11]

As reflexões de Williams constituem uma reação a certas concepções do início do século 20 que utilizavam o conceito de cultura como expressão do temor diante dos efeitos corrosivos da industrialização, urbanização e entrada das classes trabalhadoras no cenário público.[12] O autor advogava um conceito de cultura que resgatasse e fizesse jus a outros sistemas de significações que não apenas o desenvolvido pelas classes dominantes e setores cultos; juntamente com Hoggart (1957), Williams estava "em busca de uma teoria cultural que permitisse abordar aquilo que lhe parecia ser uma questão fundamental: a cultura da classe trabalhadora"

---

[11] Hall, citado por Escosteguy, avalia a importância da contribuição de Williams no debate sobre a cultura: "Ele mudou toda a base da discussão: de uma definição literomoral para uma definição antropológica da cultura. Mas definia a última agora com o 'processo inteiro', por meio do qual os significados e definições são socialmente construídos e historicamente transformados, com a literatura e a arte como sendo apenas um tipo de comunicação social especialmente privilegiado." (HALL e TURNER, 1990, apud ESCOSTEGUY, 1999, p. 140).

[12] O trabalho de Williams, assim como o de R. Hoggart, promove um diálogo com a tradição de estudos literários que dominou a Inglaterra nas primeiras décadas do século 20, e tem em F. R. Leavis seu maior expoente.

(GOMES, 2004, p. 127). Além disso, sua aproximação com o marxismo leva-o a não desvinculação da cultura do conjunto da vida social, entendendo aí (na asserção de cultura como "modo de vida") sua inserção na dinâmica das relações sociais e de poder dentro de determinada formação social. Por outro lado, em um distanciamento crítico do próprio marxismo, questionava o enfoque determinista (a cultura como superestrutura, como simples reflexo da estrutura social), atribuindo-lhe uma relativa autonomia e força instituidora.

A esses autores é preciso agregar ainda a contribuição do historiador marxista E. P. Thompson (1963), que veio inserir na discussão da cultura e da cultura da classe operária o conceito de experiência, de vida cotidiana, e o lugar de agenciamento dos indivíduos enquanto seres de pensamento e emoção: homens e mulheres vivenciam sua condição de classe em situações determinadas, e é nessas situações que edificam seu cotidiano.[13]

Esse breve percurso no terreno dos estudos culturais visou ao resgate de determinada concepção de cultura que acentua sua inserção no terreno das relações (e da história), bem como sua injunção no domínio da experiência e do fazer cotidiano. Longe de ser um estoque inerte, ou um patrimônio de ideias, pensamentos e criações a orientar e impulsionar os indivíduos, a cultura é matéria viva, edificada, modificada e atuante no bojo de nossas relações, experiências, investimentos de construção do mundo.

Ora, se a cultura se edifica nas práticas e nas relações, se ela é orientadora, mas também forjada no terreno da experiência, então, esse lugar e essa dinâmica constitutiva da cultura são exatamente práticas e processos comunicativos...

Para os pesquisadores de Palo Alto, a comunicação é um processo tão vasto quanto a cultura. Conforme R. Birdwhistell:

> A comunicação poderia ser considerada, no sentido mais amplo, como o aspecto ativo da estrutura cultural. (...) O que eu quero dizer é que a cultura e a comunicação são dois termos que representam dois pontos de vista ou dois métodos de representação da inter-relação humana, estruturada e regular. Em "cultura", a ênfase é colocada na estrutura; na "comunicação", sobre o processo (BIRDWHISTELL, 1979, apud WINKIN, 1981, p. 76).

---

[13] Para Thompson, "homens e mulheres atuam e constroem suas vidas em condições determinadas e vivem essa experiência tanto no âmbito do pensamento quanto do sentimento" (MARCONDES DE MORAES e MULLER, 2003, p. 340).

Os conceitos de **comunicação** e **cultura** não nomeiam e configuram fenômenos autônomos e separados, mas "duas pontas" de um mesmo fenômeno que são as relações sociais humanas. Sem cair na indistinção, nossa discussão visa acentuar sua indissociabilidade e complementaridade. A comunicação não exatamente serve a cultura, transportando-a ou instrumentalizando-a, mas é o processo mesmo em que a cultura se manifesta e se constitui.

A reflexividade de segundo grau

Discutimos no início, a partir de Bateson, a existência de dois níveis da comunicação: o nível da relação e o nível do conteúdo. Também Louis Quéré (1982) enfatiza a existência de dois planos em uma comunicação: uma mensagem e uma metamensagem. Quando comunicamos, dizemos alguma coisa, e dizemos também algo sobre o que dissemos. Dois enunciados se sobrepõem nesse ato: um enunciado de conteúdo proposicional (mensagem-conteúdo) e um enunciado que define a relação que se estabelece entre os interlocutores (mensagem-quadro). A coexistência desses dois planos marca, na realização do ato comunicativo, uma conformação tanto do que se diz quanto da relação que nesse dizer se realiza. A relação entre eles é de reflexividade; a troca comunicativa age sobre si mesma procedendo a uma dupla determinação: ela conforma o sentido do conteúdo proposicional, assim como específica a relação estabelecida, atualizando papéis (posições) socialmente instituídos.

Essa dupla determinação (movimento de reflexividade) aciona ou supõe uma segunda metamensagem, que vem se alojar na troca, orientando as escolhas dos sujeitos na realização daquela comunicação. A construção do "quadro", a seleção dos papéis a serem investidos no ato, bem como a conformação dos sentidos não se manifestam de forma aleatória, mas são buscadas e alicerçadas na cultura. Esse procedimento de escolha e posicionamento dos sujeitos dentro do leque de possíveis trazido pelo contexto cultural constitui, no ato comunicativo, um "momento hermenêutico" – um processo de interpretação e seleção pelo qual acontece a junção entre aquela realização particular e algo que a transcende. Um ato de comunicação é uma realização singular dentro de um conjunto de alternativas oferecido aos sujeitos: ele não se dá isoladamente, mas é instruído e formatado por algo maior. Um "terceiro" nível intervém na conjugação dos dois outros, um terceiro polo atua junto aos dois interlocutores. Esse terceiro (o "terceiro simbolizante", segundo Louis Quéré) é o polo do institucional. O ato comunicativo faz apelo e se funda na representação do social; projeta-se e faz a experiência de uma exterioridade ou uma alteridade para, desse movimento, ganhar sua substância histórica singular. Essa intervenção de uma segunda metamensagem, a presença do "terceiro simbolizante" organizando e ganhando existência em práticas singulares, constitui, ainda segundo Quéré, uma "reflexividade de segundo grau".

Comunicação e cultura estão inscritas em uma dinâmica reflexiva que atua sobre outra dinâmica reflexiva (aquela do processo interacional); a cultura é o contexto institucional de valores, papéis e posições que alimenta e fornece os parâmetros para a realização de determinada prática comunicativa. Esta, no entanto, marcada pela intervenção viva dos sujeitos, por uma sequência de estímulos, respostas, escolhas e posicionamentos – instruídos, mas imprevisíveis – é tanto o lugar de atualização e reprodução da cultura como o lugar de sua renovação. O ato comunicativo faz apelo à cultura não como um conteúdo a transmitir ou como o parâmetro que o define por antecipação, mas como algo que ali mesmo se reproduz, se produz de novo, se recria.

Trata-se de uma visão distinta, parece-nos, compreender a cultura atualizada e recriada continuamente, de forma microscópica e invisível, nas incontáveis situações de comunicação vividas cotidianamente por homens e mulheres em toda parte.

Algumas dessas situações são produzidas por nós, especialistas da comunicação. No seio das organizações, das instituições, criando públicos onde havia indivíduos isolados, estabelecendo diálogos onde havia silêncio. É importante entendermos que tais situações não são totalmente criadas por nossas cabeças engenhosas, mas se dão orientadas por seu contexto cultural: a cultura da organização, o sistema de significações da sociedade em que vivemos. É importante também nos darmos conta de que tais práticas são ativadoras – eventualmente modificadoras – da cultura da organização. E esta última, por sua vez, da cultura da sociedade.

Referências

BATESON, G., RUESCH, J. *Communication et société*. Paris: Seuil, 1988.

BOUGNOUX, D. *Introdução às ciências da comunicação*. Bauru: Edusc, 1999.

BRAGA, J. L. *A sociedade enfrenta sua mídia*: dispositivos sociais de crítica mediática. São Paulo: Paulus, 2006.

CARRIERI, A. P.; LEITE-DA-SILVA, A. R. Cultura organizacional *versus* culturas nas organizações: conceitos contraditórios entre o controle e a compreensão. In: MARCHIORI, M. (org.). *Faces da cultura e da comunicação organizacional*. São Caetano do Sul: Difusão, 2008.

CEFAÏ, D.; JOSEPH, I. (org.). *L'héritage du pragmatisme*: conflits d'urbanité et épreuves de civisme. Paris: L'Aube, 2002.

ESCOSTEGUY, A. C. Estudos culturais: uma introdução. In: SILVA, T. T. (org.). *O que é, afinal, estudos culturais?* Belo Horizonte: Autêntica, 1999.

FRANÇA, V. L. Quéré: dos modelos da comunicação. *Rev. Fronteiras. Estudos midiáticos.* vol. 5, n. 2. São Leopoldo: Unisinos, 2003.

GOFFMAN, E. *Les cadres de l'expérience*. Paris: Minuit, 1991.

GOMES, I. M. *Efeitos e recepção*: a interpretação do processo receptivo em duas tradições de investigação sobre os media. Rio de Janeiro: E-papers, 2004.

HOGGART, R. *The Uses of Literacy*: aspects of working class life. Londres: Chatto & Windus, 1957.

MARCONDES DE MORAES, M. C.; MULLER, R. G. História e experiência: a contribuição de E. P. Thompson à pesquisa em educação. *Perspectiva*, Florianópolis, v. 21, n. 2, jul./dez. 2003.

MARQUES, A. C. S. *Da esfera cultural à esfera política:* a representação de grupos de sexualidade estigmatizada nas telenovelas e a luta pelo reconhecimento. Belo Horizonte: UFMG, 2003. Dissertação (Mestrado) – Programa de Pós-Graduação em Comunicação, Universidade Federal de Minas Gerais, Belo Horizonte, 2003.

MEAD, G. H. *L'esprit, le soi et la société*. Paris: PUF, 2006.

QUÉRÉ, L. *Des miroirs équivoques*. Paris: Aubier, 1982.

THOMPSON, E. P. *The Making of the English Working Class*. Londres: Victor Gollancz, 1963.

THOMPSON, J. B. *Ideologia e cultura moderna*: teoria social crítica na era dos meios de comunicação de massa. Petrópolis: Vozes, 1995.

_____. *A mídia e a modernidade*: uma teoria social da mídia. Petrópolis: Vozes, 1998.

WATZLAWICK, P.; BEAVIN, J. H.; JACKSON, D. D. *Une logique de la communication*. Paris: Seuil, 1972. Col. Points.

WILLIAMS, R. *Cultura*. Rio de Janeiro: Paz e Terra, 1992.

WINKIN, Y. (org.) *La nouvelle communication*. Paris: Seuil, 1981. Col. Essais.

CULTURA E COMUNICAÇÃO ORGANIZACIONAL: UMA PERSPECTIVA DE INTER-RELACIONAMENTO

Marlene Marchiori

De modo objetivo, a cultura se forma pela atuação dos grupos e fomenta o que se pode chamar de "personalidade da organização". Os grupos relacionam-se, desenvolvendo modos de ser e agir que vão sendo incorporados por eles. Quando o grupo passa a agir automaticamente, a cultura está enraizada. A comunicação é a fase fundamental nesse processo, uma vez que a cultura tem sua origem no momento em que as pessoas se relacionam. Se elas se relacionam, estão se comunicando. A proposta teórica parte do princípio de que a **comunicação forma a cultura organizacional por meio da construção de significados**.

As organizações que desejem garantir sua efetividade devem ir além de um sistema altamente "tecnificado" e produtivo, dirigindo seus esforços para o conhecimento das pessoas, seus comportamentos, suas formas de agir e ser. Portanto, toda organização deve desenvolver um espírito crítico e ações efetivas com seus funcionários, para que eles possam representá-la da melhor forma possível, uma vez que a organização é produzida e estimulada pelas pessoas. Nesse sentido, **a organização é tratada como arranjos que podem encorajar o desenvolvimento de culturas, somente por meio da comunicação**. Fica claro que uma cultura se modifica apenas se os indivíduos desejarem a mudança. Portanto, podemos afirmar que a **cultura é construída, mantida e reproduzida pelas pessoas,** pois são elas – em vez de um autônomo processo de socialização, ritos, práticas sociais – **que criam significados e entendimentos.**

O paradigma da cultura e da comunicação (Quadro 5.1) revela um processo de conhecimento com base nas leituras e pesquisas bibliográficas que embasaram o estudo dessa temática.

Quadro 5.1 – Paradigma da cultura e da comunicação

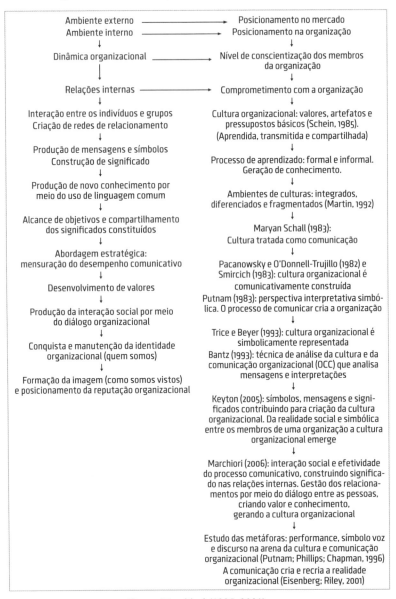

Fonte: Marchiori (1985, 2001).

O paradigma preocupa-se em oferecer a visão de que cultura deve ser tratada como comunicação. Esse conjunto de suposições e informações sobre as relações entre cultura e comunicação considera o ambiente interno das organizações, as relações sociais, as ações e os elementos que as ordenam e definem (MARCHIORI, 2001, p. 174). Os espaços organizacionais são naturalmente permeados por comunicação. Trata-se da compreensão do valor da comunicação nas organizações, entendendo-se que é ela "quem faz" a organização. O olhar sob uma perspectiva comunicacional nos ambientes organizacionais sugere compreender a comunicação como constituinte dessas realidades. Vislumbrar suas habilidades comunicacionais significa observar indivíduos em interação, construindo significação em suas relações. Assim, ao diminuirmos a intensidade da racionalidade na gestão das organizações, é possível compreendê-las como fenômenos da comunicação.

Gadamer (apud DEETZ; KERSTEN, 1983, p. 149) afirma que todos os artefatos humanos, textos, ações comunicativas e comportamento adquirem significado não em razão daquilo que são, mas principalmente em decorrência do que significam, sendo que a capacidade para o entendimento das expressões da vida tem suporte no ser humano e não no método ou na objetividade. Para alcançar tal entendimento, é fundamental incorporar a história, o contexto, as práticas sociais e respectivas expressões. Portanto, a comunicação não mais reflete uma realidade, pelo contrário, é "formativa" no sentido de criar e representar o processo de organizar (PUTNAM; PHILLIPS; CHAPMAN, p. 396).

Cultura é o resultado da interação social e é formada com base na comunicação. São as pessoas em seus processos de relacionamento que criam e instituem realidades. A interpretação desses ambientes é expressa na realidade cultural de determinada organização, por meio de seus discursos e relacionamentos.

Comunicação: fundamento para análise das organizações

Para tratar das metáforas entendendo a construção do processo de comunicação como forma de gestão diferenciada, a comunicação é considerada não apenas um processo fundamental de informação e troca, mas, também, segundo Maturana e Varela (apud CAPRA, 1996, p. 224), uma coordenação de comportamento entre os organismos vivos por meio de um acoplamento estrutural mútuo. Esses dois autores compreendem a comunicação como um processo autopoético (em inglês, *autopoesis/ autopoetic process*):

> [...] é um processo de autogeração, de criação de estruturas, e de estabelecimento de limites/fronteiras. Ao atuarmos neste processo, nos encontramos em um lugar um tanto complicado em relação ao convencionalmente proposto. A atividade de comunicação não é apenas autogeradora, mas também autoespecificadora. É autoespecificadora no sentido de que nossas atividades passadas apontam para as direções de nossas ações presentes. Ao invés de nos expressarmos a partir de um plano ou esquemas internos, podemos nos considerar agentes de ações voltadas para situações de nosso próprio presente (MATURANA E VARELA, apud SCHULMAN, 1999, p. 118).

Os significados originados nesse processo surgem unicamente dos padrões de interação entre os participantes – padrões além do controle ou intenção de qualquer indivíduo. Os significados estão também sujeitos a mudanças contínuas com o envolvente contexto temporal. Quando agimos em nossas situações comunicacionais, estamos, ao mesmo tempo, modificando o significado da ação. Como estamos continuamente trazendo um novo estado de negócio, as ações comunicacionais e os significados advindos são sempre emergentes e nunca finalizados. Essas considerações de Schuler (apud CAMERON, 2000) são compreendidas como uma nova forma de visualizar a comunicação na qual os significados criados não são idênticos, havendo, ainda, o entendimento compartilhado transitório.

Isso reflete-se diretamente na maneira como vivenciamos, entendemos e conduzimos a interação falada. Assim, para Cameron:

> A comunicação é conceituada, implícita se não explicitamente, como a expressão de pensamentos, experiências e sentimentos por um único eu para outros eus da mesma forma constituídos. A subjetividade não é construída na fala, nem são as experiências e sentimentos construídos em conjunto pelos participantes de uma interação (CAMERON, op. cit., p. 158).

Na realidade, sua definição de comunicação considera que a subjetividade está internalizada no indivíduo, aguardando para ser comunicada aos outros indivíduos por meio de comportamentos.

Isso posto, é clara a necessidade de haver nas organizações pessoas capazes de se comunicar entre si. O ato da comunicação deve estar em equilíbrio com os fatos comunicados. Não adianta nada as pessoas falarem algo e se comportarem de uma forma completamente diferente daquilo que foi falado. Isso denota falta de credibilidade, de confiança, de caráter do indivíduo nos relacionamentos com seus colegas de trabalho, atitudes imprescindíveis em qualquer variação de vida social.

Compreendemos que a organização é um fenômeno social, e uma de suas principais características é a interação humana. Podemos ainda afirmar que uma organização é uma minissociedade formada por construções sociais. Construção essa que acaba tendo início nas redes de relacionamento interna, as quais englobam funcionários, lideranças e a alta administração, para depois ter sequência e fundamento em nível externo, criando o que chamamos de imagem organizacional (como somos vistos).

Temos conhecimento de que os padrões de comportamento são fenômenos sociais distintos, na medida em que são produtos da interação social e do discurso. As culturas, portanto, dificilmente são planejadas ou presumíveis; elas são produtos naturais da interação social e têm na comunicação sua formação.

Um enfoque direcionado às pessoas

Alvesson (1993) afirma que a cultura pode ser entendida como o estudo das pessoas como sujeitos culturais. Assim sendo, as pessoas são criadoras de cultura e não simplesmente transmissoras mecânicas e adaptadoras de significados. No entanto, elas também são produtos culturais, são formadas pela cultura, além de a reproduzirem e a formarem. Cultura é, ainda, um problema de incorporação de elementos inconscientes como tradições e pressupostos. A cultura não é um processo fechado da mente humana: ela envolve símbolos públicos, ideias e ideologias (ALVESSON, op. cit., p. 81).

Por outro lado, as transformações organizacionais, segundo Clegg e Hardy (1999, p. 379) têm função importante, por proporcionar as bases para assegurar a mudança das ideologias, dos símbolos, das novas competências, do conhecimento e, principalmente, de uma nova identidade. Esses mesmos autores afirmam, também, que a identidade não está presa somente ao gênero e à sexualidade, tampouco à força de trabalho que as pessoas oferecem a uma organização. Pessoas em organizações são consideradas construtores do significado. Dessa forma, os produtores humanos acabam sendo os sujeitos de ambos os regimes – significados organizacionais específicos e disciplinas –, geralmente de modo simultâneo.

Entre todas as vertentes apresentadas, uma, que talvez englobe as demais, é clara e necessária: é a do entendimento de que **cultura é socialmente construída** e reflete os significados que são constituídos na interação e formam as definições comumente aceitas. Isso necessariamente reflete-se na comunicação. Na opinião de Geertz (1973 apud BROWN, 1998, p. 4), o estudo da cultura: "deveria enfocar o ponto de vista do 'nativo', o que as pessoas que vivem a cultura consideram significativo em relação ao modo como vivem. Esta abordagem é frequentemente chamada 'semiótica' porque se concentra na linguagem e nos símbolos para entender uma determinada situação social."

Para Cheney e Lair (2006, p. 58), ao analisarmos as organizações e a comunicação, passamos a observar profundamente o fenômeno considerando simultaneamente o status de uma organização, como ator social, e o processo de organizar que acaba por criar, manter e transformar a própria organização. Organizações estão em estado latente de desenvolvimento, podendo cultura e comunicação ser vistas como provedoras de conhecimento e, por conseguinte, contribuir para novos desafios no mundo organizacional.

Fica claro que o estudo da cultura é um processo que necessariamente envolve e produz conhecimento. A formação da cultura organizacional está intimamente ligada ao desenvolvimento do conhecimento e relacionamento. O diálogo, neste aspecto, é essencial e constrói os relacionamentos, criando significados que podem ser transformados em conhecimento compartilhado, dependendo da realidade encontrada.

Assim, cada cultura detém características inerentes à realidade analisada, ou seja, cada cultura é única. Essa afirmação reflete-se diretamente na consideração da história dos indivíduos que representam, percebem e interpretam a organização, na qual "toda manifestação cultural não pode ser entendida fora do contexto no qual é representada, percebida e interpretada" (MARTIN, 1992, p. 138).

Cultura, comunicação, significado e relacionamento

Uma afirmativa é clara: as organizações necessitam de estudos que revelem sua vida – culturas em uma organização. A comunicação caminha junto nesse processo de formação, por meio de experiências, conhecimentos e relacionamentos, os quais acabam por constituir a história desses empreendimentos. Cultura é algo que deve ser entendido como o produto de um processo histórico – o que significa construção, e não há como visualizar construção sem comunicação.

Sackman (1997, p. 110) apresenta algumas reflexões das quais é possível extrair uma postura estratégica para nossa área. Pelo estudo desenvolvido, não tenho dúvidas – vejo claramente – de que a construção de significação envolve comunicação. Por outro lado, segundo a mencionada autora, a cultura pode ser entendida como a construção de significados, e, se comunicação é a produção de significados, então, o círculo entre comunicação e cultura se fecha.

A cultura, portanto, reflete a essência de uma organização, um processo que necessariamente envolve e produz conhecimento. A comunicação cria, dessa forma, a cultura organizacional e fortalece a identidade de uma organização.

Significado é resultado do ato de articular, e as pessoas ligam significados subjetivos a todas as suas ações. Sem o significado compartilhado, a cultura não existe e não pode sobreviver. Se vincularmos o estudo da cultura e da comunicação ao construtivismo, observamos que cada pessoa categoriza suas experiências criando sua realidade subjetiva, sendo a linguagem o sistema mais comumente utilizado para a categorização de uma experiência.

A comunicação, quando bem direcionada, possibilita ao indivíduo a renegociação das categorias, as interpretações e as experiências compartilhadas. Assim, ela implica um modelo construtivista dentro do qual a cultura deve ser continuamente edificada por meio da comunicação. Cultura é um processo de construção de significados, por meio da interação social, e a comunicação nesse contexto é primordial e natural.

Segundo Anthony (1994, p. 31), as organizações passam a existir como um sistema de significados compartilhados em vários níveis. Um senso comum é necessário para a continuidade das atividades organizacionais, e, dessa forma, a interação se dá sem constantes interpretações ou reinterpretações do significado. A construção social de uma realidade é possível a partir do momento em que se considera a flexibilidade na condução dos processos, entendendo-se as raízes de cada situação e avaliando-se a estrutura social.

Comunicação clara, verdadeira e direta na gestão dos relacionamentos

Toda organização é um sistema vivo, portanto, apresenta uma realidade de vida diária, a qual é compartilhada com outros. Esse conjunto é compreendido pelos significados que são estabelecidos. Juntas, pessoas compartilham determinado conhecimento comum que diferencia a realidade e proveem a informação necessária para a prática da vida diária.

Para comunicar, é preciso analisar qual é a especificidade de cada contexto, qual o momento que a organização está vivendo, como os grupos reagem, pensam, desenvolvem ações, de que forma o indivíduo entende, percebe e sente, como as relações se estendem em nível grupal, entre outros pontos de descoberta. Somente com o detalhamento do contexto é que se pode planejar e alcançar eficácia na comunicação. Vale salientar que a abertura dos canais, a construção de diálogos, o reconhecimento das relações entre líderes e liderados e a busca da performance são caminhos pelos quais a ação da comunicação terá forte razão para sua efetividade nas organizações. O sucesso de um empreendimento continua centrado nas pessoas, ou seja, na gestão dos relacionamentos organizacionais. É nesse sentido que a função tradicional – gerenciar relacionamentos – das relações públicas passa a ser uma exigência natural do mundo dos negócios. É por meio dessa função que uma organização recebe, oferece, canaliza informação e constrói conhecimento.

O fator fundamental de sucesso nas organizações tem sido uma comunicação clara, verdadeira e direta, evidenciando objetivos e rumos e demonstrando o progresso e as dificuldades a serem enfrentadas. Essa visão organizacional chama à participação, compromete os funcionários, torna a organização conhecida e fundamenta a imagem e reputação. Tornar os discursos verdadeiros e validados pelas pessoas viabiliza a existência de uma organização com credibilidade.

Assim, a atividade do profissional de Relações Públicas torna-se estratégica, afirmam Cropp e Pincus:

> No papel de posicionamento organizacional, nós antevemos os profissionais se tornando membros legítimos de gestão superior, representando a organização na sua totalidade (ao invés de se submeterem aos que fazem a representação) em todas as questões de caráter interno e externo frente a seus constituintes maiores [...] os profissionais de relações públicas sairão de uma posição basicamente

tática para uma função mais estratégica como praticantes, com uma compreensão maior das operações empresariais, da terminologia, e dos conceitos, dentro do círculo de gestão [...]. Nossa visão do profissional de relações públicas do futuro é de indivíduos totalmente integrados na administração dos relacionamentos com "stakeholder" e estrategicamente posicionando a reputação de suas organizações junto a estes grupos de participantes envolvidos no processo (CROPP; PINCUS, 2001, p. 199).

Essa postura mostra que as Relações Públicas estão buscando uma nova identidade, a qual vai considerando suas diferentes experiências que levam a sua evolução como atividade inerente a qualquer contexto organizacional. Não há mais como nos dissociarmos dessa realidade.

Comunicação organizacional e relações públicas

É notório o fato de que a comunicação é a questão de maior relevância quando se fala de cultura organizacional. Curvello (2002) afirma que, para criar, fazer funcionar e, principalmente, manter atuantes as organizações sociais, existe a comunicação organizacional.

Goldhaber (1974, p. 23) afirma que a comunicação organizacional "é considerada como um processo dinâmico por meio do qual as organizações se relacionam com o meio ambiente e por meio do qual as subpartes da organização se conectam entre si. Assim, pode ser vista como o fluxo de mensagens dentro de uma rede de relações interdependentes". Dessa forma, ela deve ser entendida como um processo composto por métodos estratégias, fluxos, redes e meios responsáveis por interligar os diferentes componentes da organização.

Aqui se faz imprescindível ressaltar a amplitude e importância das Relações Públicas. Responsáveis pelo "processo de gestão da comunicação com o universo de públicos existentes no ambiente organizacional e social" (KUNSCH, 2003, p. 89), os profissionais dessa área promovem e gerenciam relacionamentos, detectando e avaliando os anseios, as necessidades e as reações dos públicos, para, posteriormente, traçar estratégias comunicacionais que vão ao encontro daquilo que esses públicos esperam da organização. Para tanto, mapeiam os públicos estratégicos, também conhecidos como *stakeholders*.

Hunt e Grunig (1994 apud KUNSCH, 1997, p. 119) afirmam que *stakeholder é* "qualquer indivíduo ou grupo que pode afetar uma organização ou é afetado por suas ações, decisões, políticas, práticas ou resultados". Assim, eles estão diretamente ligados às organizações em razão de existirem interesses recíprocos entre as partes. Contudo, as organizações não são igualmente influenciadas por seus *stakeholders*, nem eles por elas. Quanto maior o poder de decisão exercido sobre as estratégias organizacionais, maior a ligação de dependência existente entre ambos.

Dessa forma, o profissional de Relações Públicas, além de mapear os *stakeholders* da organização, monitora o ambiente social, tornando-se capaz de definir estratégias de comunicação voltadas à manutenção de relacionamentos efetivos com seus públicos prioritários.

São diversas as denominações para os públicos estratégicos, destaca-se, no entanto, a defendida por Donaldson e Lorsch (1983 apud HITT, 2003, p. 28) que os classificam em três grandes grupos: "*stakeholders* no mercado de capitais – acionistas e principais fontes de capital; *stakeholders* no mercado do produto – clientes primários, fornecedores, comunidades anfitriãs e sindicatos; e *stakeholders* no setor organizacional – empregados, gerentes e não gerentes". Sabemos que o conhecimento é a base para o aprimoramento das relações organizacionais. Faz-se necessária, portanto, uma profunda apreciação de cada realidade organizacional, no intuito de evoluir nas relações.

Estudos em diferentes áreas demonstram os esforços na busca de perceber e compreender a complexidade organizacional, uma vez que não há um simples conjunto de respostas para um fenômeno social tão complexo quanto uma organização. A questão, no caso específico das relações públicas, reside em como se trabalha para fundamentar os relacionamentos de uma organização com seus públicos prioritários – *steakeholders*, uma visão que cada vez mais adquire valor na sociedade em que se vive. Gerir relacionamentos é uma das estratégias que o mundo corporativo requer dos profissionais da área.

Posicionando Relações Públicas

Heath propõe uma retórica para que as organizações possam comunicar-se bem, totalmente fundamentada no que chamamos de processo de conhecimento o qual:

> [...] defende o compromisso do humano com o diálogo retórico como sendo o processo de forjar conclusões e influenciar ações. O processo é de duas vias. Através de declaração e contradeclaração, as pessoas testam umas às outras quanto aos seus pontos de vista da realidade, valores, e escolhas relevantes aos produtos, serviços e políticas públicas. Não absoluto mas relativo, o conhecimento constitui a concorrência que as pessoas precisam para coordenar suas atividades (HEATH, 2001, p. 31).

Ao refletirmos sobre essa consideração, vemos que as Relações Públicas têm se direcionado para a produção do conhecimento e para a carga de valor do processo de comunicação, assim como para o significado compartilhado que resulta dele. O significado compartilhado é um produto vital das Relações Públicas e surge quando cada mercado, audiência ou público que tem um interesse em algum problema cocria significado por meio do diálogo.

Sendo assim, o significado decorre das interpretações que as pessoas fazem na condução de suas ações. Por conseguinte, valorizar o diálogo parece ser um dos grandes caminhos para que a organização possa formar suas culturas. Afinal, segundo Mead (1934, p. 35), por meio do diálogo, indivíduos e grupos recriam e negociam interesses, significados e identidade. Desse modo, é tempo de modificarmos alguns comportamentos fundamentados em concepções que tragam um posicionamento merecido para as Relações Públicas.

A construção de relacionamentos baseia-se nas necessidades. As necessidades podem ser conceituadas em termos coorientacionais – compreensão (concordância), precisão e satisfação. Nesse sentido, faz-se necessário que visualizemos fluxos de informação, mas também entendamos que conteúdo, processo e propósito na criação do significado são aspectos que devem estar presentes no gerenciamento das Relações Públicas. Assim, Heath propõe:

> [...] nós podemos ao menos caracterizar Relações Públicas como o cogerenciamento de significado e, por extrapolação, como o cogerenciamento de culturas. Uma perspectiva de ação retórica oferece princípios e conexões teóricas que fundamentam o cogerenciamento, a codefinição, e a cocriação [...] através do diálogo, os participantes cocriam ou codefinem significado pelos processos retóricos de enunciado e contraenunciado [...] se diferenças não existem, então não se tem tanta razão para o uso de Relações Públicas. A retórica é útil a partir do momento em que haja necessidades e disputas (HEATH, op. cit., p. 34).

Essa reflexão apresenta uma definição estratégica para a atividade, tornando clara a responsabilidade social e ética que tal definição exige desse profissional, assim como a mudança de postura da organização em relação a si própria. Então, as Relações Públicas, ainda segundo Heath:

> [...] é a função de gerenciamento que retoricamente adapta as organizações aos interesses das pessoas e os interesses das pessoas às organizações através da cocriação do significado e do cogerenciamento de culturas para alcançar relações de benefício mútuo (HEATH, op. cit., p. 36).

Essa definição é pertinente à necessidade de as organizações buscarem o envolvimento e o comprometimento das pessoas para legitimar suas ações. Na realidade, a questão da retórica é uma necessidade pelo fato de o indivíduo – quando não concorda com determinados aspectos – envolver-se em discursos para buscar concordância ou cooperação. A concepção de Heath aplica-se tanto ao público interno quanto ao externo. Acredita-se que as experiências internas sejam mais fáceis de serem conduzidas porque o público está ali. Entretanto, pondera esse autor:

> [...] a retórica é necessária para que as tentativas do indivíduo reconciliem diferenças e criem zonas compatíveis e complementares de significados que supram a sua necessidade de coordenar ações. Ela explica como os indivíduos chegam a conhecer e entender uns aos outros e como eles refinam e moldam seus pensamentos e preferências [...]. Para justificar socialmente estes atos de responsabilidade, Relações Públicas deve colocar em ação a melhor informação que foi avaliada por observações éticas que apoiam as escolhas de benefícios mútuos (HEATH, op. cit., p. 37).

As Relações Públicas devem, então, realmente trabalhar inseridas em uma proposta na qual relacionamentos benéficos possam ser conquistados. Quando se fala nesses relacionamentos, devem-se levar em conta ambos os lados. Não há como uma única parte ser sempre modificada. É sabido que diferenças existem, mas é preciso encontrar áreas com significados comuns para que um sentido possa existir. E isso apenas se torna possível por meio do diálogo.

A cultura vive quando comunicada significativamente

A comunicação humana é cheia de significados. Para Rosengren (2000, p. 59), o conceito de significado pode ser explicado como um caminho completo pelo qual se pode entender, explicar, sentir e reagir sobre determinado fenômeno. Warhus (2001) entende que o processo da construção de significados (Martin, Meyerson, Gray e Czarniawska-Joerges) é uma atividade social. "O significado, então, não se origina e nem é estocado dentro da mente para uso futuro, mas sim criado em ação e regenerado (ou não) dentro de um processo subsequente de coordenação" (WARHUS, 2001, p. 111). As Relações Públicas, então, acabam construindo os relacionamentos, e estes são estimulados e mantidos por meio da comunicação.

É amplamente conhecido o fato de que o desenvolvimento de relacionamentos está passando por uma grande mudança, e a velocidade dessa transformação é maior hoje do que em qualquer época da História. Exigem-se, portanto, respostas rápidas e versáteis por parte das organizações. É necessário que os profissionais estejam acompanhando cada situação para que tomem as decisões no momento mais oportuno e estejam preparados para responder a elas simultaneamente. Isso significa modificar a concepção dos relacionamentos internos das organizações, o que resulta em uma mudança que, com certeza, valorizará cada vez mais o diálogo, a proximidade, independentemente das distâncias.

Os profissionais de Comunicação devem desvendar a cultura de uma organização para poder embasar todo seu processo de comunicação com os diversos grupos, trabalhando na profundidade em nível de relacionamentos; dessa forma, estarão legitimando a organização. Parece-nos que o crucial nesse conhecimento é a avaliação, assim como a gestão da própria comunicação, uma comunicação com conteúdo, portanto, construída com significado. Entende-se assim, que a organização deve passar a ser considerada um sistema de comunicação e de cultura. A comunicação nesse contexto deve ser processual, interligando significação e construção de sentido.

Referências

ALVESSON, M. *Cultural perspectives on organizations*. Londres: Cambridge University Press, 1993.

ANTHONY, P. *Managing culture*. Buckingham: Open University, 1994. 120p.

BROWN, A. *Organisational culture*. 2. ed. Londres: Pearson Education, 1998. 318p.

CAMERON, D. *Good to talk?*: living and working in a communication culture. Londres: Sage, 2000. 208p.

CAPRA, F. *A teia da vida*. São Paulo: Cultrix, 1996. 256p.

CHENEY, G.; LAIR, D. Theorizing about rhetoric and organizations: classical, interpretive and critical aspects. In: MAY, S.; MUMBY, D. (coords.). *Engaging organizational communication theory & research*: multiple perspectives. Beverly Hills, CA: Sage, 2005.

CROPP, F.; PINCUS, D. The mystery of public relations: unraveling its past, unmasking its future. In: HEATH, R. L. (ed.). *Handbook of public relations*. Londres: Sage, 2001. p. 189-204.

DEETZ, S.; KERSTEN, A. Critical models of interpretive research. In: PUTNAM, Linda; PACANOWSKY, M. E. (coords.). *Communication and organizations*: an interpretive approach. Beverly Hills, CA: Sage, 1983. p. 147-172.

GOLDHABER, G. M. *Organizational communication*. 5. ed. Dubuque: Wm. C. Brown, 1974. 459p.

HEATH, R. A rhetorical enactment rationale for public relations: the good organization communicating well. In: HEATH, R. L. (ed.). *Handbook of public relations*. Londres: Sage, 2001. p. 31-50.

HITT, M. *Administração estratégica*. São Paulo: Pioneira Thomson Learning, 2003.

KUNSCH, M. M. K. (org.). *Obtendo resultados com relações públicas*: como utilizar adequadamente as relações públicas em benefício das organizações e da sociedade em geral. São Paulo: Pioneira, 1997.

_____. *Planejamento de relações públicas na comunicação integrada.* 2. ed. São Paulo: Summus, 2003.

MARCHIORI, M. R. *Organização, cultura e comunicação*: elementos para novas relações com o público interno. São Paulo: ECA-USP, 1995. Dissertação (Mestrado em Ciências da Comunicação) – Escola de Comunicações e Artes, Universidade de São Paulo, São Paulo, 1995.

_____. *Cultura organizacional*: conhecimento estratégico no relacionamento e na comunicação com os empregados. São Paulo: USP, 2001. Tese (Doutorado em Ciências da Comunicação) – Universidade de São Paulo, São Paulo, 2001.

_____. *Cultura organizacional e comunicação*: um olhar estratégico sobre a organização. São Paulo: Difusão, 2006.

MARTIN, J. *Cultures in organizations*: three perspectives. Oxford: Oxford University, 1992. 228p.

MEAD, G. H. *Mind, self, and society*. Chicago: University of Chicago, 1934.

PUTNAM, L. L.; PHILLIPS, N.; CHAPMAN, P. Metaphors of communication and organization. In: CLEGG, S. R.; HARDY, C.; NORD, W. R. (eds.). *Managing organizations*: current issues. Londres: Sage, 1999. p. 375-402.

ROSENGREN, K. E. *Communication*: an introduction. Londres: Sage, 2000.

SACKMANN, S. A. (ed.). *Cultural complexity in organization*: inherent contrasts and contradictions. Londres: Sage, 1997. 334p.

SCHULMAN, A. D. Putting group information technology in its place: communication and good work group performance. In: CLEGG, S. R.; HARDY, C.; NORD, W. R. (eds.). *Managing organizations*: current issues. Londres: Sage, 1999. p. 107-124.

TOMPKINS, P.; WANCA-THIBAULT, M. Organizational communication: prelude and prospects. In: JABLIN, F. M.; PUTNAM, L. (eds.). *The new handbook of organizational communication*: advances in theory, research, and methods. Londres: Sage, 2001. p. 17-31.

WARHUS, L. Therapy as social construction. In: GERGEN, K. J. *Social constructions in context*. Londres: Sage, 2001. p. 96-114.

ABORDAGENS DA COMUNICAÇÃO PARA A CULTURA ORGANIZACIONAL

Joann Keyton
Ryan S. Bisel
Amber S. Messersmith

Cultura organizacional é um fenômeno comunicativo que é definido como "conjunto de artefatos, valores e pressupostos que emergem da interação dos membros da organização" (KEYTON, 2011, p. 28). A cultura organizacional emerge da interatividade do dia a dia dos processos de comunicação interna com os empregados e das interações destes com os demais *stakeholders*. Da mesma forma, *organizing* também é um processo comunicativo (PUTNAM; NICOTERA, 2009). Uma organização não pode existir sem comunicação já que ambas contribuem e sustentam sua existência. Com essa visão de *organizing* e cultura organizacional, é possível perceber dois caminhos: ontológico e epistemológico que, por vezes, são valorizados por estudiosos da área. Entretanto, se essa suposta essência filosófica é desarticulada, pesquisadores e profissionais poderiam ensinar, falar, aconselhar e consultar acerca da cultura organizacional, mas de maneira que iria de encontro a suas próprias convicções sobre a natureza da comunicação e da cultura. O grande ponto deste capítulo é explorar as várias vertentes filosóficas que dizem respeito à *organizing* e cultura organizacional.

Três relações entre comunicação e cultura organizacional

Bisel, Messersmith e Keyton (2010)[1] descrevem três formas de examinar a relação entre comunicação e cultura. Cada uma é específica da disciplina de comunicação; porém, também ressoam com a pesquisa conduzida em outras disciplinas. As três relações são mais bem examinadas por uma abordagem agonística (*agnostic approach*),[2] uma vez que uma perspectiva não é mais privilegiada que a outra. Uma abordagem agonística não se destina a criar uma hierarquia, mas sim, revelar como a relação entre cultura organizacional e comunicação pode ser diferentemente articulada. Além disso, uma abordagem agonística revela tensões saudáveis (LUNDBERG, 1996) e desvela pressupostos subjacentes.

As abordagens agonísticas foram anteriormente usadas em estudos de comunicação organizacional. Martin (2002), por exemplo, oferece uma teoria de três perspectivas da cultura organizacional (integração, diferenciação, fragmentação) como um meio de sensibilizar os pesquisadores de cultura no que se refere ao que é revelado e ao que é oculto sobre a natureza dos valores culturais compartilhados e não compartilhados em um sistema organizacional. De forma semelhante, Fairhurst e Putnam (2004) também usaram uma abordagem agonística para catalogar pressupostos incorporados em pesquisas contemporâneas sobre conversações no local de trabalho ou discurso organizacional. Essas pesquisadoras articulam uma **orientação para o objeto**, que se refere às pesquisas que assumem que a entidade da organização precede um discurso organizacional. Em segundo lugar, uma **orientação para o tornando-se** refere-se à pesquisa que pressupõe que a organização é constituída no discurso. Em terceiro lugar, uma **orientação baseada na ação** refere-se à pesquisa que admite que o discurso e a organização são mutuamente constitutivos.

O valor do emprego de uma abordagem agonística são seus elementos constantes os quais permitem que diferentes relações sejam destacadas e examinadas, bem como possibilitam comparações entre elas. Essa metodologia também incentiva uma visão multifacetada do fenômeno que está sendo investigado – aceitar uma visão não significa necessariamente que outra deva ser rejeitada. Em vez disso, as relações diferentes (e apa-

---

[1] Consulte também (MESSERSMITH; KEYTON; BISEL, 2009; KEYTON, 2011).
[2] Abordagens agonísticas ajudam a fundamentar conceitos uma vez que demonstram claramente múltiplos caminhos pra examinar um mesmo conceito, assim como as tensões ao fazê-lo.

rentemente paradoxais) podem ser mantidas e compreendidas simultaneamente – dada a natureza complexa da cultura, defendemos a adoção dessa abordagem como prática comum para pesquisadores e praticantes da cultura organizacional.

Meus colegas e eu (BISEL; MESSERSMITH; KEYTON, 2010; KEYTON, 2011; MESSERSMITH; KEYTON; BISEL; KEYTON, 2009) utilizamos o quadro de referência desenvolvido por Fairhurst e Putnam (2004) para considerar as relações entre comunicação e organização e estender suas teorias para a comunicação e para a cultura organizacional. Nos parágrafos seguintes, delineamos essa extensão teórica e descrevemos as formas possíveis pelas quais a comunicação poderia se relacionar com a cultura organizacional. Nenhuma possibilidade é correta *per se*; consideradas em tensão agonística, passamos a compreender que as relações entre comunicação e cultura organizacional são fixas e fluidas, permanentes e mutáveis.

Orientação para o objeto

A primeira relação, a **orientação para o objeto**, posiciona a cultura organizacional como existindo antes da comunicação. Essa orientação pressupõe que a cultura organizacional pode ser medida e modificada para influenciar o discurso. Desse ponto de vista, a cultura existe e é tratada como um objeto e ocorre independentemente da comunicação. Certamente a comunicação é uma parte da cultura organizacional, mas outros elementos (ambiente econômico e legal) também podem influenciá-la. Portanto, nessa orientação, mudanças na cultura criam mudanças na comunicação.

A vantagem da orientação para o objeto é que a cultura organizacional pode ser conceitualizada e medida quantitativamente. Assim, essa orientação é particularmente proeminente para os praticantes e consultores que devem identificar **o que a organização** é, para prepará-la para um processo de mudança ou alteração. Presume-se saber o que a organização é, então, podem ser introduzidos programas e políticas para mudá-la.

Um bom exemplo disso é uma resposta da organização ao assédio sexual. Quando essa ou outras práticas discriminatórias ocorrem, a gestão geralmente quer parar tal comportamento e substituí-lo por um ético. No geral, o primeiro passo é identificar o que está acontecendo na organização, elaborar um treinamento para prever o comportamento ofensivo e contar que o comportamento mais ético e socialmente aceito substitua o comportamento errado. Conforme Bisel, Messersmith e Keyton (2010) argumentam, uma organização que incorpora uma cultura de assédio ou discriminatória é uma entidade que existe antes e independente de uma atividade comunicativa. Algo na cultura estimula ou permite que os empregados assediem ou discriminem um ao outro. Assim, o assédio e a discriminação são entendidos como resultado da cultura da organização.

Para os gerentes e praticantes que querem mudança, ou ostensivamente desejam melhorar a cultura de uma organização, essa orientação interpreta a cultura organizacional como algo gerenciável e mutável (HYLMÖ; BUZZANELL, 2002; PEPPER; LARSON, 2006; ROSENFELD; RICHMAN; MAY, 2004). Se o treinamento é considerado uma resposta para conter o assédio sexual, os pesquisadores, então, assumem que a comunicação (de assédio ou de não assédio) segue a cultura organizacional. Perry, Kulik, Bustamante, Golom (2010), por exemplo, investigaram como mais de trezentas organizações utilizaram o treinamento para combater o assédio sexual. Os pesquisadores questionaram o número e o tipo de atividades pré-treinamento da organização, métodos de treinamento, e atividades pós-treinamento, bem como as razões para conduzir o treinamento de assédio sexual. De forma não surpreendente, os autores encontraram poucos resultados significativos. "Não houve evidência de que mais atividades pré-treinamento, métodos de treinamento ativos e passivos, e atividades pós-treinamento empregados resultaram em um maior sucesso percebido dos treinamentos para conter o assédio sexual" (PERRY; KULIK; BUSTAMANTE; GOLOM., op. cit., p. 199), nem o número nem o tipo dos métodos de treinamento têm um efeito significativo na frequência percebida das reclamações.

Como a orientação para o objeto explica essas descobertas? Primeiro, uma orientação para o objeto teria de ser assumida pelos pesquisadores, uma vez que as culturas de organizações foram tratadas como comparáveis. Da mesma forma, o pressuposto era de que o treinamento como uma intervenção poderia resultar em uma redução do assédio sexual. Isto é, com base na orientação para o objeto, as culturas organizacionais eram tratadas de modo mais padrão naquela cultura organizacional que produz uma comunicação de assédio sexual, é invariável e pode ser manipulada por meio da intervenção de treinamento.

Em um exemplo com resultados mais positivos, Emery e Barker (2007) analisaram o efeito dos estilos de liderança no desempenho do trabalho dos representantes de serviço ao cliente. Nesse, os autores demonstraram que a cultura organizacional pode influenciar as interações dos empregados com os clientes e com o público. Eles concluíram que, em comparação aos líderes transacionais, os líderes transformacionais criavam culturas organizacionais de inovação e inspiração; como resultado, os empregados ficavam mais satisfeitos e ofereciam um melhor serviço ao cliente. Assim, as implicações desse estudo sugerem que as culturas organizacionais podem ser gerenciadas de tal forma, para produzir melhores resultados comunicativos (por exemplo, serviço ao cliente).

Ambos os estudos ilustram a orientação para o objeto, uma vez que a cultura organizacional controla (ou supõe-se que ela controla). Uma vantagem dessa perspectiva é que ela assume à cultura organizacional como mais forte que às escolhas dos membros organizacionais. Uma cultura ética, por exemplo, poderia dissuadir os membros organizacionais de participar de práticas comunicativas antiéticas. Em outras palavras, uma cultura da organização poderia, de forma intensa, orientar os empregados a sempre responderem aos clientes com um sorriso, mesmo que seu sentimento seja outro. Em segundo lugar, essa conceitualização cria limites para o fenômeno que está sendo investigado. Essa orientação supõe que fronteiras existem e servem para identificar claramente o que está dentro, e também o que está fora da cultura. Ao mesmo tempo, a orientação para o objeto pode cegar os pesquisadores e praticantes em relação às influências fora das fronteiras. Finalmente, enquanto essa orientação assume que a cultura pode mudar, ela não expõe como a modificação de cultura ocorre. Com base na orientação para o objeto, a ontologia da cultura é incorporada em ou enquadrada por políticas, procedimentos e vontade de gestão.

Orientação para o tornando-se

A segunda relação entre cultura e comunicação organizacional, ou a **orientação para o tornando-se**, apresenta uma alternativa à orientação para o objeto. A comunicação vem antes da cultura, isto é, comunicar é a força estrutural e o processo que permite que a cultura organizacional se desenvolva; e, na medida em que a comunicação é dinâmica, a cultura organizacional também é. A diferença primária nessa orientação é que a cultura não pode ser fixa porque a comunicação e a interação dos membros organizacionais têm um papel importante na criação da cultura organizacional. O discurso envolve propriedades culturais, e, como resultado, a cultura está sempre em um estado de tornando-se. Ela é dinâmica e nunca é fixa.

As pesquisas conduzidas com base nessa orientação consideram a cultura um processo de discurso (para ver algumas amostras, consulte EISENBERG; MURPHY; ANDREWS, 1998; SMITH; KEYTON, 2001; ZOLLER, 2003). Fairhurst e Cooren (2004), por exemplo, analisaram um diálogo emergente entre um despachante e um policial. Esse estudo revelou que o discurso foi influente de três formas, a saber: (1) estruturou relações entre os membros organizacionais; (2) criou rotinas de interação organizacional de tal modo que foram prescritos procedimentos compartilhados de ação; e (3) governou quem estava na vez durante as conversações. Esses achados não somente sugerem uma propriedade essencialmente de *organizing* do discurso, mas também sugerem uma propriedade essencialmente cultural do discurso, na qual as propriedades de *organizing* são pressupostos e valores normativos sobre o que é esperado nesse tipo de interação organizacional.

Organizing e propriedades culturais do discurso são evidentes em eventos traumáticos e em crises provocadas, bem como em eventos mundanos. Na análise de uma reunião do corpo executivo de uma organização não governamental, por exemplo, Cooren (2004) concluiu que os membros se engajavam em um processo de discursos coproduzidos e co-completados em um sistema de definição de problemas e suas soluções. Seus achados revelaram que as propriedades de *organizing* do discurso do grupo coproduziam entendimentos coletivos. As observações de Cooren sobre as propriedades de *organizing* do discurso podem ser consideradas similares às culturais, uma vez que os membros do corpo executivo comunicativamente construíram tanto os pressupostos culturais sobre o que era o problema, quanto o valor cultural de uma solução apropriada.

Comparando os estudos de comunicação e cultura com base na orientação para o tornando-se com os estudos representativos respaldados na orientação para objeto, revelam-se diferenças em pressupostos epistemológicos e ontológicos. Primeiro, e antes de tudo, os estudos com base em orientação para o tornando-se tendem a ser conduzidos *in situ*, concentrando-se em organizações específicas e em suas culturas, em vez de fazer generalizações por meio delas. Também, os estudos com base na orientação para o tornando-se tendem a trabalhar apoiados em bons estudos sobre as interações organizacionais reais como um meio para identificar a **fonte** da cultura logo que ela surge.

A primeira e óbvia vantagem dessa orientação é a de que as escolhas comunicativas dos membros organizacionais são enfatizadas e destacadas; considerando-se a hipótese de que os membros organizacionais têm liberdade para reforçar ou desafiar a cultura existente. Como resultado, seus discursos podem alterar a direção do progresso de uma cultura por turno de conversação: interação por interação e palavra por palavra. Em segundo lugar, e de forma semelhante, a orientação para o tornando-se direciona nossa atenção para a capacidade de produção de mudança da comunicação. Um exemplo claro disso é qualquer nova proposta de negócio. Uma vez que um empreendedor tem uma ideia para uma empresa, discute-a com os outros e direciona a nova organização por meio das estruturas financeiras e legais; a cultura da nova organização é produzida em cada discussão e decisão. Nenhuma cultura organizacional existia antes desses processos comunicativos.

Com base nessa orientação, todo membro organizacional tem responsabilidade, especialmente no que se refere ao comportamento antiético. Uma informante (por exemplo, Sherron Watkins no caso da Enron; in TURNAGE; KEYTON, 2013), apesar de sua reclamação (discurso) de práticas antiéticas para a gestão, muda a cultura, sutilmente no começo, e depois de forma tão contundente que a organização entra em colapso. A investigação de Watkins sobre Ken Lay primeiramente resultou em silêncio, o que ainda é uma opção comunicativa que transmitiu um valor cultural – a aceitação do *status quo*. Depois, a investigação de Watkins e as respostas dos executivos à sua investigação levaram a consequências públicas, políticas e legais. Os empregados que uma vez preservavam os valores de respeito, integridade, comunicação e excelência da corporação, agora ridicularizavam esses valores. Em linha gerais, sugerimos que uma dificuldade em utilizar essa orientação é a tendência em se concentrar em um discurso do passado e negligenciar o discurso do presente, que continua a moldar e a organizar.

Orientação baseada na ação

A terceira relação, a **orientação baseada na ação**, não é linear. Em vez disso, a comunicação e a cultura existem simultaneamente e influenciam-se entre si. Essa orientação propõe que a comunicação dos membros organizacionais é possibilitada e dificultada pela cultura; de forma semelhante, a cultura organizacional é reforçada e desafiada em cada nova interação. A orientação baseada na ação não deveria ser confundida com uma combinação da orientação para o objeto com a orientação para o tornando-se. Em vez disso, Fairhurst e Putnam (2004) sugerem que a orientação baseada na ação é distinta, uma vez que ela "trata a ação e a estrutura como mutuamente constitutivas. Assim, a organização nunca assume a forma de uma entidade identificável porque ela está ancorada no nível das práticas sociais e formas de discurso" (FAIRHURST; PUTNAM, op. cit., p. 16). Com base na orientação baseada na ação, a essência da cultura encontra-se no nível da interação diária, bem como é possibilitada e dificultada por interações do passado.

A pesquisa conduzida com base nessa orientação supõe que as interações passadas criam uma cultura que possibilita e dificulta as interações e interpretações do presente (para ver algumas amostras, consulte DOUGHERTY; SMYTHE, 2004). Murphy (1998), por exemplo, pesquisou os anúncios de segurança pública dos comissários de bordo, na medida em que eles recriavam e resistiam às companhias aéreas. Ao empreender os anúncios aos passageiros, os comissários de bordo alcançavam objetivos múltiplos. Eles preparavam os passageiros para seguirem seus direcionamentos em caso de uma emergência e, ao mesmo tempo, minimizavam a seriedade relacionada ao perigo de voar. Murphy percebeu que os comissários de bordo realmente alcançavam objetivos múltiplos. Aqui, os comissários de bordo recriavam e também resistiam às companhias aéreas e à cultura. Enquanto as pessoas consciente e inconscientemente compreendiam alguma expectativa (cultura) para seus comportamentos com base em interações prévias (discurso), podiam comunicativamente agir no presente para desafiar a cultura; desse modo, afetando (mesmo que de forma sutil), a cultura organizacional futura.

De modo similar, Arnesen e Weis (2007) delinearam estratégias para as organizações desenvolverem as políticas da empresa relacionadas com a utilização de e-mail e internet pelos empregados; seu uso pessoal pode ser considerado uma "faca de dois gumes". Quando a internet é permitida no trabalho para assuntos particulares, a produtividade do empregado pode ser melhorada; por exemplo, quando os empregados podem acessar os serviços de seu banco pela internet em vez de sair da empresa para executar essa incumbência. Por outro lado, o uso pessoal da internet da empresa e do e-mail para enviar ou encaminhar conteúdo promíscuo pode expor as organizações a violações de assédio sexual e diminuir a produtividade dos empregados. Arnesen e Weis recomendam controlar o discurso mediado dos empregados ao instituir políticas organizacionais apropriadas – mas fazer isso em uma construção participativa e colaborativa da política organizacional pelos empregados. Eles argumentaram sobre o discurso sobre o emprego da tecnologia (por exemplo, conversações entre empregados) para criar as normas e as políticas da empresa (por exemplo, um tipo específico de cultura organizacional do uso da tecnologia) para produzir mudanças efetivas nos resultados comunicativos dos membros organizacionais (por exemplo, como os empregados estavam interagindo com as tecnologias de comunicação da empresa).

Há diversas vantagens da orientação com base na ação. Primeiro, a ênfase recai sobre os características dificultadoras de interações passadas sobre as interações do presente. Em segundo lugar, a responsabilidade de cada membro organizacional em criar seu ambiente leva a um equilíbrio entre a gestão e os empregados no que se refere a criar a cultura organizacional. Finalmente, essa orientação direciona nossa atenção para a importância do discurso e da cultura, uma vez que emergem no decorrer do tempo, e para a perspectiva de que a cultura organizacional é reforçada ou desafiada a cada nova interação.

Um estudo de caso

Em conjunto, essas perspectivas ajudam os pesquisadores e praticantes de cultura organizacional a compreender as diversas relações possíveis entre comunicação e cultura organizacionais. Como demonstrado, as relações criam tensões umas com as outras. Acreditamos que o quadro de referência agonística aqui delineado reúne o potencial para revelar nossos próprios pressupostos como pesquisadores que estudam a cultura organizacional e para evitar que simplifiquemos nossas estratégias para a mudança cultural nas organizações. Enxergar a cultura organizacional sob esse prisma, por exemplo, ajudou a desemaranhar por que certos aspectos de iniciativa de mudança organizacional funcionaram, enquanto outros falharam.

Programa de treinamento Iniciativa de Liderança do Estado

O programa de treinamento Iniciativa de Liderança do Estado, de dois anos, foi elaborado por um *stakeholder* externo não governamental para criar uma cultura colaborativa entre as diferentes agências em um estado norte-americano. Ao mesmo tempo em que cada sessão de treinamento tinha seus próprios objetivos processuais e de conhecimento, o objetivo mais abrangente do treinamento era melhorar os serviços públicos para as crianças do estado. Essencialmente, o programa de treinamento foi desenvolvido e implantado com base em uma orientação para o tornando-se. Sessenta e oito empregados de agências estaduais foram selecionados. O treinamento, que foi elaborado e executado para mudar como cada agência percebia e constituía na ação os aspectos colaborativos de suas respectivas culturas organizacionais de suas agências, deu a esses indivíduos a oportunidade para criar uma rede de contatos com os *stakeholders* de outras agências. Em essência, o treinamento pretendia fortalecer a disposição colaborativa de cada agência estadual, bem como criar um tipo de cultura supercolaborativa entre as agências estaduais.

O programa de treinamento consistia em nove dias inteiros de treinamento em um período de seis meses. A sessão tinha diferentes treinadores, bem como temas distintos (por exemplo, tendo uma visão do todo, facilitando a liderança colaborativa, fazendo parcerias com a comunidade). Atividades em grupo, discussões e palestras eram atividades comuns nas sessões de treinamento. Em cada uma das sessões, a mensagem explícita era a colaboração em sua agência e entre as agências resultará em serviços melhores para as crianças do seu estado. Assim, as mensagens implícitas e explícitas no treinamento pretendiam ter como resultado a emergência de uma cultura colaborativa.

Embora as mensagens dos treinadores aos treinados claramente elucidassem o objetivo colaborativo, essa comunicação era de treinadores externos à cultura organizacional do governo estadual. Apesar de as sessões de treinamento incluírem mensagens de mudança de cultura potenciais, os participantes concentravam-se na aquisição de conhecimento. Assim, com base na orientação para o objeto, as culturas preexistentes das agências estaduais influenciavam os participantes a verem o treinamento como um bônus ou um benefício; e, para muitos, o treinamento era um dia agradável fora do trabalho. Enquanto os treinados eram instruídos a como resolver problemas para produzir melhores serviços às crianças, pouco tempo nas sessões de treinamento era voltado para realmente solucionar problemas. Além disso, na hora do treinamento, os participantes não eram peças-chave das agências estaduais às quais estavam vinculados para assegurar a colaboração entre as agências. Como resultado, os participantes do treinamento tornaram-se bons alunos, e não colaboradores ativos para resolver as questões das crianças.

A orientação baseada na ação nos permitiu reconhecer que não existe o ponto zero da cultura organizacional. A comunicação dentro de cada agência do estado criou uma cultura preexistente de agência estadual, a qual influenciou o modo como cada treinado entendeu o objetivo do treinamento. A cultura da agência moldou como os participantes se comunicavam uns com os outros nas sessões de treinamento. Ao examinar cada orientação, três diferentes visões da comunicação dos treinados podem ser reconhecidas – cada qual com sua importância na compreensão de por que esse tipo de treinamento foi ineficaz para o objetivo pretendido.

Referências

ARNESEN, D. W.; WEIS, W. L. Developing an effective company policy for employee internet and email use. *Journal of Culture, Communications, and Conflict*, v. 11, p. 53-65, 2007.

BISEL, R. S.; MESSERSMITH, A. S.; KEYTON, J. Understanding organizational culture and communication through a gyroscope metaphor. *Journal of Management Education*, v. 34, p. 342-366, 2010. Doi: 10.1177/1052562909340879.

COOREN, F. The communicative achievement of collective minding: analysis of board meeting excerpts. *Management Communication Quarterly*, v. 17, p. 517-551, 2004. Doi: 10.1177/0893318903262242.

DOUGHERTY, D. S.; SMYTHE, M. J. Sensemaking, organizational culture, and sexual harassment. *Journal of Applied Communication Research*, v. 32, p. 293-317, 2004. Doi: 10.1080/0090988042000275998.

EISENBERG, E. M.; MURPHY, A.; ANDREWS, L. Openness and decision making in the search for a university provost. *Communication Monographs*, v. 65, p. 1-23, 1998. Doi: 10.1080/03637759809376432.

EMERY, C. R.; BARKER, K. J. The effect of transactional and transformational leadership styles on the organizational commitment and job satisfaction of customer contact personnel. *Journal of Organizational Culture, Communications, and Conflict*, v. 11, p. 77-90, 2007.

FAIRHURST, G. T.; COOREN, F. Organizational language-in-use: a comparison of interaction analysis, conversation analysis and speech act schematics. In: GRANT, D. (ed.) *Handbook of organizational discourse*. Londres: Sage, 2004. p. 131-152.

FAIRHURST, G. T.; PUTNAM, L. L. Organizations as discursive constructions. *Communication Theory*, v. 14, p. 5-26, 2004. Doi: 10.1111/j.1468-2885.2004.tb00301.x.

HYLMÖ, A.; BUZZANELL, P. M. Telecommuting as viewed through cultural lenses: an empirical investigation of the discourses of utopia, identity, and mystery. *Communication Monographs*, v. 69, p. 329-356, 2002. Doi: 10.1080/03637750216547.

KEYTON, J. *Communication & organizational culture:* a key to understanding work experiences, 2. ed. Thousand Oaks, CA: Sage, 2011.

LUNDBERG, C. C. Designing organizational culture courses: fundamental considerations. *Journal of Management Education*, v. 20, p. 11-22, 1996. Doi: 10.1177/105256299602000102.

MARTIN, J. *Organizational culture*: mapping the terrain. Thousand Oaks, CA: Sage, 2002.

MESSERSMITH, A. S.; KEYTON, J.; BISEL, R. S. Teaching organizational culture: orientations on discourse and culture. *Communication Teacher*, v. 23, p. 81-86, 2009. Doi: 10.1080/17404620902779231.

MURPHY, A. G. The flight attendant dilemma: an analysis of communication and sensemaking during in-flight emergencies. *Journal of Applied Communication Research*, v. 29, p. 30-53, 2001. Doi: 10.1080/00909880128100.

PEPPER, G. L.; LARSON, G. S.. Cultural identity tensions in a post-acquisition organization. *Journal of Applied Communication Research*, v. 34, p. 49-71, 2006. Doi: 10.1080/00909880500420267.

PERRY, E. L (eds.). The impact of reason for training on the relationship between "best practices" and sexual harassment training effectiveness. *Human Resource Development Quarterly*, v. 21, p. 187-208, 2010. Doi: 10.1002/hrdq.20043.

PUTNAM, L. L.; NICOTERA, A. M. (eds.). *Building theories of organization*: the constitutive role of communication. Nova York: Routledge, 2009.

ROSENFELD, L. B., RICHMAN, J. M.; May, S. K. Information adequacy, job satisfaction, and organizational culture in a dispersed-network organization. *Journal of Applied Communication Research*, v. 32, p. 28-54, 2004. Doi: 10.1080/0090988042000178112.

SMITH, F.; KEYTON, J. Organizational storytelling: metaphors for relational power and identity struggles. *Management Communication Quarterly*, v. 15, p. 149-182, 2001. Doi: 10.1177/0893318901152001.

TURNAGE, A.; KEYTON, J. Ethical contradictions and e-mail communication at Enron Corporation. In: S. K. (ed.). *Case studies in organizational communication*: ethical perspectives and practices, 2. ed. Thousand Oaks, CA: Sage, 2013.

ZOLLER, H. Health on the line: Identity and disciplinary control in employee occupational health and safety discourse. *Journal of Applied Communication Research*, v. 31, p. 118-139, 2003. Doi: 10.1080/0090988032000064588.

COMUNICAÇÃO ORGANIZACIONAL: CONCEITOS E DIMENSÕES DOS ESTUDOS E DAS PRÁTICAS

Margarida M. Krohling Kunsch

Processo evolutivo das práticas comunicacionais nas organizações

A comunicação organizacional, como se encontra hoje configurada, é fruto de sementes lançadas no período da Revolução Industrial, que ensejaria grandes e rápidas transformações em todo o mundo. Esta, com a consequente expansão das empresas a partir do século 19, propiciou o surgimento de mudanças radicais nas relações de trabalho, nos modos de produção e nos processos de comercialização. Nesse contexto é que se devem buscar as causas do surgimento da propaganda, do jornalismo empresarial, das relações públicas e da própria comunicação organizacional como um todo.

As mudanças provocadas com o processo de industrialização obrigaram as empresas a buscar novas modalidades de comunicação com o público interno, por meio de publicações dirigidas especialmente aos empregados, e com o público externo, pelas publicações centradas nos produtos, para fazer frente à concorrência e a um novo processo de comercialização. Assim, a propaganda foi pioneira na busca por formas de comunicação mercadológica com o mundo exterior, especialmente com o consumidor.

A comunicação com o público interno inicia-se com um formato muito mais de ordem administrativa e de informações, consistindo nas primeiras iniciativas da existência de comunicação nas organizações – a comunicação administrativa ou gerencial. Como uma comunicação que assume um caráter funcional e instrumental, esse formato estendeu-se, também por muito tempo, ao relacionamento com os públicos externos, enfatizando a divulgação dos produtos e da organização, sem uma preocupação com o retorno das percepções e dos interesses dos públicos, isto é, com a comunicação simétrica.

Com a evolução de seu uso e a importância cada vez mais crescente nos processos de gestão e na divulgação institucional propriamente dita, a comunicação foi assumindo novas características, sendo mais produzida, tecnicamente, e com base em pesquisas de opinião diante dos diferentes públicos, até chegar ao estágio em que se encontra atualmente em muitas organizações top e/ou modernas. Nessas, a comunicação atinge um grau de sofisticação em sua elaboração e, também, um caráter estratégico, tanto no âmbito dos negócios quanto no conjunto dos objetivos corporativos.

As mudanças ocorridas, mundialmente, com o término da Guerra Fria, após a queda do muro de Berlim em 1989, e com a nova geopolítica fomentada, sobretudo, pelo fenômeno da globalização e da revolução tecnológica da informação e da comunicação, as organizações tiveram de enfrentar um novo cenário mundial, dominado pelos mercados globais e por uma economia marcada por uma competição sem precedentes na História da Humanidade.

Todas essas transformações alteraram, por completo, o comportamento institucional das organizações, e a comunicação passou a ser considerada de outro modo. Assim, como a propaganda teve um papel fundamental após a Revolução Industrial, a comunicação organizacional no sentido corporativo começou a ser encarada como algo fundamental e como uma área estratégica na contemporaneidade. As ações isoladas de comunicação de marketing são insuficientes para fazer frente aos novos mercados competitivos e para se relacionar com os *stakeholders* ou públicos estratégicos. Estes são cada vez mais exigentes e cobram das organizações responsabilidade social, atitudes transparentes, comportamentos éticos, graças a uma sociedade mais consciente e uma opinião pública sempre mais vigilante. Neste contexto, a comunicação passa a ser estratégica e a sua gestão tem que ser profissionalizada e dirigida com competência.

Quais são a importância e as principais características dessa comunicação na atualidade? Como essa área se configura no mercado profissional? As organizações, em geral, valorizam a comunicação? Quais são as realidades mais presentes? Infelizmente, nem todas as organizações atribuem à comunicação a relevância que ela deveria merecer neste início do século 21. Muitas só descobrem a necessidade de investir nessa área em momentos de crise, usando estratégias de relações públicas e técnicas de gerenciamento da comunicação com os públicos e a opinião pública tão somente para apagar incêndios. Por outro lado, percebe-se, em geral, uma valorização mundial da comunicação organizacional, tanto no mercado profissional como no meio acadêmico.

Na contemporaneidade, a comunicação organizacional acontece dentro de um contexto muito mais complexo no âmbito tanto das organizações como da sociedade. Grandes são os desafios a serem enfrentados pelos agentes envolvidos em uma sociedade em constante mutação, na qual o que predomina é a incerteza global. Para Anthony Giddens:

> O que separa a era moderna de qualquer período anterior é seu dinamismo. O mundo moderno é um "mundo em disparada": não só o ritmo de mudança social é muito mais rápido que em qualquer sistema anterior; também a amplitude e a profundidade com que ela afeta práticas sociais e modos de comportamento preexistentes são maiores (GIDDENS, 2002, p. 22).

As organizações, como partes integrantes da sociedade, são diretamente afetadas por todas essas novas mudanças e, consequentemente, sua comunicação assume novas formas de atuação: deixa de ter uma função apenas técnica e instrumental para ser estratégica. As ações de comunicação precisam ser muito mais bem pensadas estrategicamente e planejadas com base em pesquisas científicas e análise de cenários. Daí a necessidade de uma visão abrangente e integrada da comunicação, unindo o trabalho de relações públicas diante da comunicação institucional e o de marketing diante da comunicação mercadológica, como veremos mais adiante.

E no Brasil? Como podemos analisar o surgimento e a evolução das práticas da comunicação organizacional? Quais seriam as principais características que esta assume na atualidade? Essas considerações serão analisadas a seguir.

Práticas comunicacionais nas organizações brasileiras

O surgimento da comunicação organizacional no Brasil[1] é decorrência do processo de desenvolvimento econômico, social e político do país e da evolução das atividades de relações públicas e do jornalismo empresarial. São essas duas áreas das ciências da comunicação que iniciaram as primeiras atividades desse setor e que permitiram seu crescimento ao longo das últimas cinco décadas, tanto no nível acadêmico como no mercado profissional.

Assim, o jornalismo empresarial, a exemplo das relações públicas, começaria a configurar-se efetivamente, em nosso meio, a partir da década de 1950, como consequência natural da aceleração que se imprimiu ao processo de industrialização com a política industrial desenvolvimentista iniciada por Getúlio Vargas e implementada de forma mais efetiva por Juscelino Kubitschek de Oliveira.

Um fato marcante que ajudou a alavancar o início do desenvolvimento desse campo no Brasil foi a criação, em 1954, da Associação Brasileira de Relações Públicas (ABRP), que, em 2004, completou 50 anos. Nos anos 1950, buscava-se sistematizar e organizar a atividade de relações públicas, que se iniciava de forma promissora. Com a promoção de cursos de capacitação, de congressos e de participação de especialistas vindos do exterior, tentava-se conferir um caráter mais profissional, técnico-científico para uma área que basicamente se iniciava no país.

Nessa mesma década, surgiu a primeira empresa de comunicação empresarial no Brasil, a Companhia Nacional de Relações Públicas e Propaganda. Criada em 1952, por Romildo Fernandes e Inácio Penteado da Silva, esta sinalizava, desde então, uma forma abrangente e pioneira de prestação de serviços de comunicação para as empresas. Um incremento real só viria a ter lugar na década de 1960, com a expansão dos departamentos de relações públicas e de relações industriais nas grandes multinacionais, que trouxeram suas experiências dos países de origem. Essas empresas iniciaram todo um processo de uma cultura de valorização da comunicação, sobretudo das áreas de relações públicas, propaganda/publicidade e jornalismo empresarial, cujo paradigma dominante foi, marcadamente, o do modelo norte-americano.

---

[1] Para obter mais detalhes sobre jornalismo empresarial e sua evolução, assim como sobre os primeiros jornais e boletins de empresa, consulte Torquato (1984, p. 17-20). Sobre o histórico das relações públicas e da comunicação organizacional no Brasil, consulte Kunsch (1997, p. 19-47).

As publicações institucionais passaram a ser cada vez mais valorizadas como um meio imprescindível para atender às novas demandas da comunidade e da opinião pública, desencadeadas com o desenvolvimento rápido da economia e da sociedade brasileiras. E, à medida que a conjuntura e as estruturas se sofisticavam, também era preciso aperfeiçoar o relacionamento entre o capital e o trabalho, bem como entre a organização e seu universo de públicos externos. Assim, os profissionais que atuavam nos mencionados departamentos logo perceberam a necessidade de um maior nível de qualidade editorial e técnica para tais publicações, mediante uma aglutinação de esforços com essa finalidade. Originou-se aí o empenho de algumas lideranças em criar uma entidade capaz de organizar melhor esse segmento e profissionalizar as publicações institucionais.

Nesse contexto surgiu, em 1967, a Associação Brasileira dos Editores de Revistas e Jornais de Empresa (Aberje), sob a iniciativa do saudoso Nilo Luchetti, humanista, incansável propugnador dessa causa, então editor da revista *Notícias Pirelli*, como chefe do setor de Relações Sociais da empresa Pirelli. A criação da Aberje foi fruto de toda uma parceria entre os profissionais de Jornalismo, Relações Públicas e Recursos Humanos que atuavam em grandes multinacionais e perceberam a necessidade de maior sistematização das publicações empresariais.

Desde 1989, a Aberje, que manteve a sigla, denomina-se Associação Brasileira de Comunicação Empresarial. Atualmente, apresenta-se como uma entidade representativa do setor e, marcada por um espírito empreendedor, exerce um papel relevante em prol do desenvolvimento da comunicação organizacional no país. Suas diversas frentes de atuação – Prêmio Aberje, eventos culturais e técnicos, cursos de reciclagem profissional, publicações, mídia digital etc. – têm permitido aglutinar centenas de associados e fomentar o debate dos grandes temas contemporâneos da comunicação como prática estratégica nas organizações, mediante a participação de especialistas acadêmicos e profissionais e de conferencistas internacionais nos congressos que realiza.

Outra iniciativa que contribuiu para a profissionalização do jornalismo empresarial e não pode ficar fora dos registros históricos da comunicação organizacional no Brasil é a Programação e Assessoria Editorial (Proal). Criada em 1968, em São Paulo, com a finalidade precípua de prestar serviços de consultoria a publicações empresariais, sua atuação marcou todo um pioneirismo na terceirização dos serviços de consultoria em publicações empresariais.

Com a reabertura política do país, a partir de 1985, novos ares surgem para a comunicação, passando as instituições e organizações a entender melhor a necessidade de serem transparentes e do fato de que suas relações com a sociedade deveriam dar-se pelas vias democráticas. Consequentemente, perceberam que os formatos tradicionais dos departamentos de relações públicas governamentais e de relações com a imprensa, assim como as ações comunicativas centradas no jornalismo empresarial, voltadas somente aos produtos (jornais, revistas, boletins, vídeos institucionais ufanistas etc.), não dariam conta de atender às novas demandas sociais e que a comunicação organizacional, como todas as subáreas da Comunicação Social, tinha de buscar um novo desenho e um modo mais estratégico de atuar no âmbito organizacional.

Um exemplo ilustrativo dessa época foi o trabalho desenvolvido pela Rhodia, entre 1982 e 1988. Sob a liderança de Walter Nori, a equipe de comunicação dessa empresa criou, na época, um Plano de Comunicação Social, que apresentava uma estrutura de comunicação integrada, o qual foi amplamente divulgado na mídia, nas escolas e para os públicos formadores de opinião. Tal iniciativa provocaria mudanças no comportamento institucional da empresa; que antes era fechada e não se preocupava com a transparência e o diálogo aberto com a comunidade, a imprensa, o consumidor etc.[2] Esse fato constituiu um marco de certo destaque na história da comunicação organizacional no Brasil, tendo servido de paradigma para outras organizações que perceberam que precisavam redimensionar sua comunicação para uma perspectiva mais proativa e democrática.

Em relação às características e às práticas vigentes da área de comunicação nas organizações brasileiras, a meu ver, há quatro realidades distintas. A primeira é atribuída às organizações que veem a comunicação como um elevado valor estratégico de resultados, realizando nela grandes investimentos e valendo-se de profissionais realmente competentes para dirigi-las e contratando serviços especializados de empresas terceirizadas.

Na segunda, a comunicação atua apenas na esfera técnica/tática, fazendo, sim, divulgação – por meio de assessoria de imprensa, de jornais, revistas, boletins, vídeos, folhetos etc. –, mas sem uma perspectiva mais clara quanto a diretrizes e estratégias. Temos no mercado excelentes produtores e executores da comunicação, mas, em geral, ainda temos carência de mais "estrategistas". Faltam, ainda, profissionais – diretores, gerentes etc. – que, dotados de sólida formação especializada, sejam gestores daquilo que, desde 1985, venho defendendo como "comunicação organizacional integrada", em que a comunicação institucional, a comu-

---

[2] Consulte Valente e Nori (1990), para conhecer todo esse processo de implantação e mudança de políticas da empresa no tocante ao relacionamento com os públicos.

nicação mercadológica, a comunicação interna e a comunicação administrativa canalizem, conjuntamente, toda a sua sinergia para os objetivos institucionais/corporativos e negociais das organizações.

A terceira realidade é a daquelas organizações onde a comunicação é reativa, improvisada, feita "por qualquer um", sem valorizar o profissional especialista. Já a quarta pode ser caracterizada pelas organizações que "não estão nem aí" para a comunicação. Ela existe espontaneamente, mas não recebe nenhum tratamento especial. Ocorre para viabilizar os fluxos de entrada, transformações e saídas numa perspectiva sistêmica, assumindo uma função mais administrativa e funcional.

Dimensões da comunicação organizacional

A comunicação organizacional, em nossa percepção, pode ser considerada em quatro dimensões: humana (aspectos relacionais, subjetividade, contextos, condicionamentos internos e externos), instrumental (comunicação vista como transmissão de informações), e estratégica (racional, baseada nos resultados; e complexa, leva em conta as incertezas e novas alternativas) e cultural (cultura organizacional e contexto multicultural). Esse olhar se aplica tanto em nível acadêmico como nas práticas cotidianas nas/das organizações. Neste texto, optamos por desenvolver de forma mais ampla a dimensão humana por ser uma das mais esquecidas e pouco estudadas pelos pesquisadores e profissionais da comunicação.

Dimensão humana

A comunicação, em primeiro lugar, tem que ser entendida como parte inerente à natureza das organizações, as quais são formadas por pessoas que se comunicam entre si e que, por meio de processos interativos, viabilizam o sistema funcional para sobrevivência e consecução dos objetivos organizacionais em um contexto de diversidades e de transações complexas. Sem comunicação, portanto, as organizações não existiriam. A organização é um fenômeno comunicacional contínuo.

Há mesmo uma corrente de estudiosos que defende que a organização é comunicação e que ela se auto-organiza com a/graças à comunicação. Como declara James Taylor (2005, p. 215): "As organizações se auto-organizam e o fazem como resultado da dinâmica da interação local. A auto-organização é um fenômeno comunicacional." Gary Kreps (1995) analisa a comunicação como um processo de organização.

O processo comunicativo que se desenvolve no âmbito organizacional, no qual se realizam as relações entre os sistemas macro (estrutura social) e micro (organização), é condicionado a uma série de fatores ou variáveis. Esses podem ser representados, por exemplo, pelos contextos sociais, políticos e econômicos, pelas culturas, pelas visões de mundo dos integrantes em confluência com a cultura organizacional vigente, em que são compartilhados comportamentos e universos cognitivos diferentes.

Nesse contexto, as organizações não podem ser encaradas e compreendidas como entidades que existem apenas para cumprir objetivos ou fins específicos, conforme apregoam alguns autores funcionalistas, como Etzioni (1980), entre outros.[3] O fato de as organizações serem compostas por pessoas com os mais diferentes universos cognitivos e as mais diversas culturas e visões de mundo implica por si só a complexidade que é pensar a comunicação nas organizações ou as organizações como comunicação.

Em outras palavras, trata-se de trabalhar a comunicação não de um ponto de vista meramente linear, mas de considerar, sobretudo, um processo relacional entre indivíduos, departamentos, unidades e organizações. Se analisarmos profundamente esse aspecto relacional da comunicação do dia a dia nas organizações, interna e externamente, perceberemos que elas sofrem interferências e condicionamentos variados, dentro de uma complexidade difícil até de ser diagnosticada, dados o volume e os diferentes tipos de comunicações existentes, que atuam em contextos sociais distintos.

Ao fazermos referências aos contextos, aspectos relacionais etc., desejamos enfatizar que a comunicação organizacional tem de ser pensada sob a perspectiva da dinâmica da história contemporânea. De acordo com Jean-François Chanlat (1999, p. 49): "os contextos são modos de leitura da situação. São as **estruturas de interpretação**, os **esquemas cognitivos** que cada pessoa possui e utiliza para compreender os acontecimentos que ocorrem e, em particular, compreender o que nos interessa" [grifos nossos].

Nesse sentido, é importante lembrar que tudo o que foi pesquisado e analisado sobre a evolução das correntes dos estudos teóricos da comunicação se aplica na prática do processo comunicativo nas organizações. Se fizermos um recorte, por exemplo, da "teoria da agulha hipodérmica" ou da "teoria da bala mágica",[4] para compreendermos o paradigma de Harold

---

[3] Para obter mais detalhes sobre os conceitos de organizações e instituições com base no pensamento de autores racionalistas (fins específicos) e organicistas (organismos sociais), consulte Kunsch (2003, p. 19-68).

[4] Wolf (1987) pode ser consultado entre outros estudiosos das teorias da comunicação.

Lasswell, dos efeitos imediatos de reação do ato comunicativo na comunicação de massa, veremos que ele se aplica à realidade organizacional.

As organizações em geral, como fontes emissoras de informações para seus mais diversos públicos, não devem ter a ilusão de que todos os seus atos comunicativos causam os efeitos positivos desejados ou que são automaticamente respondidos e aceitos dentro do pretendido. É preciso levar em conta os aspectos relacionais, os contextos, os condicionamentos internos e externos, bem como a complexidade que permeia todo o processo comunicativo. Daí a necessidade de ultrapassarmos a visão meramente mecanicista da comunicação em direção a uma visão mais interpretativa e crítica.

Há necessidade, portanto, de trabalharmos a comunicação nas organizações sob uma perspectiva muito mais interpretativa que instrumental, e sob uma visão de mundo. Com base nas experiências obtidas em organizações complexas e em estudos realizados, James Taylor (2005, p. 215) relata "que a comunicação não é mais descrita como transmissão de mensagens ou conhecimento, mas como uma atividade prática que tem como resultado a formação de relacionamento".

Assim, ao falar em comunicação organizacional, temos que primeiramente pensar na comunicação humana e nas múltiplas perspectivas que permeiam o ato comunicativo no interior das organizações. Esse é, a nosso ver, o ponto de partida quando se analisa essa modalidade comunicacional. Em primeiro lugar, temos que pensar na comunicação entre as pessoas e no fato de que os seres humanos não vivem sem se comunicar.

Gary Kreps, ao defender a comunicação como um processo de organização, enfatiza a importância da comunicação humana nas relações das pessoas no ambiente organizacional:

> A comunicação é um processo dinâmico e contínuo. É o processo que permite aos membros da organização trabalhar juntos, cooperar e interpretar as necessidades e as atividades sempre mutantes da organização. A comunicação humana não começa e nem termina. As pessoas estão envolvidas constantemente com a comunicação consigo mesmas e com outras, especialmente na vida da organização. A vida da organização proporciona um sistema de mensagens especialmente rico e variado. Os membros da organização devem ser capazes de reconhecer e interpretar a grande variedade de mensagens disponíveis, para que lhes permitam responder de maneira apropriada a distintas pessoas e situações. Não pode existir sem comunicar-se. A comunicação é uma realidade inevitável de pertinência a uma organização e da vida da em geral (KREPS, 1995, p. 28).

Ao tratar de comunicação e organizações, não podemos, portanto, dissociar esse agrupamento de pessoas com o verdadeiro sentido da comunicação humana, que pressupõe compreensão e apresentação de ideias em comum. Conforme J. R. Whitaker Penteado (1976, p. 1), a comunicação humana tem como grande objetivo o entendimento entre as pessoas: "Para que exista entendimento, é necessário que se compreendam mutuamente indivíduos que se comunicam."

Nesse contexto, chamamos a atenção para a necessidade de uma valorização maior, também, da comunicação interpessoal por parte das organizações. Segmento que, acreditamos, ainda ser pouco considerado no âmbito organizacional e não ter sido objeto de muitos estudos no meio acadêmico da área de Comunicação Social.

Em geral, a comunicação interpessoal é considerada uma interação de natureza conversacional, que implica o intercâmbio de informação verbal e não verbal entre dois ou mais participantes em uma situação face a face. Tânia Casado (2002, p. 279) a conceitua um dos pilares importantes na gestão das pessoas nas organizações e destaca quatro formas de comunicação interpessoal mais presentes: verbal, não verbal, simbólica e paralinguística. Ronald B. Adler e Neil Towne,[5] por sua vez, trabalham com duas visões da comunicação interpessoal: a definição quantitativa e a qualitativa:

> Uma definição quantitativa da comunicação interpessoal inclui qualquer interação entre duas pessoas, em geral frente a frente. [...] Usando uma definição qualitativa, a comunicação interpessoal ocorre quando as pessoas tratam a outra como indivíduos singulares, independentemente do contexto em que a interação ocorre ou o número de pessoas envolvidas. Quando a qualidade da interação é o critério, o oposto da comunicação impessoal é a interação pessoal, e não a comunicação de grupo, pública ou de massa (ADLER; TOWNE, 2002, p. 10).

Essa visão qualitativa da comunicação interpessoal, trabalhada por esses autores, que a caracterizam como singular, insubstituível, interdependente e intrinsecamente compensadora, nos faz refletir sobre como as organizações em geral a cultivam pouco, ou mesmo deixam de possibilitar um ambiente propício para relacionamentos interpessoais realmente qualitativos nas relações cotidianas de trabalho.

---

[5] No livro *Comunicação interpessoal*, esses autores apresentam um estudo detalhado dos aspectos que envolvem a comunicação interpessoal. Vale consultá-lo para obter maior aprofundamento do assunto.

Dimensão instrumental

A dimensão instrumental e técnica é a mais presente e predominante nas organizações. Nesse contexto, a comunicação é vista e trabalhada como transmissão de informações, sendo a comunicação antes um "depósito" ou um "contêiner". Linda Putnam e outros (2004) usam, para explicar esse modo de entender a comunicação, a metáfora do conduíte, a saber: a comunicação é considerada um canal ou via de envio de informações. O foco está nas mídias internas e externas. O setor ou departamento de comunicação atua com ênfase na divulgação de notícias e em uma esfera tática e técnica.

Dimensão estratégica

Nessa dimensão, a comunicação é considerada um fator estratégico de resultados, o qual agrega valor à organização e aos negócios, e integrante de gestão das empresas.

As organizações modernas, para se posicionar perante a sociedade e fazer frente a todos os desafios da complexidade contemporânea, necessitam planejar, administrar e pensar estrategicamente ua comunicação. Não basta pautar-se por ações isoladas de comunicação, centradas no planejamento tático para resolver questões, gerenciar crises e gerir produtos sem uma conexão com a análise ambiental e as necessidades do público de forma permanente e pensada estrategicamente.

Pensando na gestão da comunicação organizacional, muito se tem por aprender. Na prática, muitas vezes ela é gerida com muito mais ênfase nas tarefas que nos processos; sua função terá de ser muito mais abrangente e proativa. Como parte da gestão estratégica, ela deverá auxiliar a organização a fazer a leitura das ameaças e das oportunidades presentes na dinâmica do ambiente global, avaliando a cultura organizacional, e a pensar estrategicamente as ações comunicativas. Ações essas que deverão alcançar principalmente os públicos estratégicos (*stakeholders*) que transcendem o âmbito local, abrangendo mesmo dimensões interculturais com organizações de outros países, perante a realidade da sociedade global.

Dimensão cultural

A comunicação organizacional não acontece isolada tanto da cultura organizacional, em nível micro, como do contexto multicultural, em nível macro. Todo o referencial teórico disponível (que não será objeto de análise neste capítulo) tanto sobre cultura organizacional como sobre comunicação intercultural e o multiculturalismo certamente serão de grande valia para fundamentar as bases da produção da comunicação organizacional numa perspectiva local e global.

O ambiente organizacional é uma realidade social vivenciada por pessoas que nela convivem com suas diferentes culturas. Estas necessitam ser consideradas e valorizadas no fazer comunicativo diário, sem ser sufocadas pelo excesso de comunicação técnica e instrumental, centrada somente nos resultados e nos interesses dos negócios corporativos. Entende-se que uma iniciativa como a abertura de canais diretos de diálogo entre a alta direção e os trabalhadores possa ser um caminho para valorizar os espaços culturais e individuais das pessoas nas organizações, fomentando, assim, as interações entre pessoas e grupos.

Nesse sentido defendo a necessidade de as organizações e, particularmente, os seus gestores da comunicação considerarem a dimensão cultural como parte integrante do planejamento, das ações comunicativas e dos processos de gestão participativa. Portanto, há que se considerar a dimensão cultural em sinergia com as demais dimensões da comunicação organizacional.

Os estudos teóricos da comunicação organizacional

Costumo conceituar e ver a comunicação organizacional como uma área abrangente e sob uma perspectiva de integração das subáreas da comunicação social, como será destacado posteriormente. Entendida, também, como comunicação empresarial, cuja terminologia ainda é a mais utilizada pelo mercado profissional, vem sendo, também, denominada por muitas outras terminologias. Há os que preferem chamá-la de comunicação corporativa, relações institucionais, assuntos corporativos, relações externas etc. Afinal, por que as organizações adotam tantos adjetivos para caracterizar algo tão substantivo? Por que não há uma identidade única e definida adotada pelas organizações? Seria a falta de uma epistemologia e de uma base conceitual mais sólida? Como os estudiosos têm trabalhado a questão?

Se recorrermos a uma revisão bibliográfica da literatura internacional disponível do campo, verificaremos que são várias as correntes de pensamento. Diferentes conceitos de comunicação organizacional são apresentados, dependendo das percepções e visões dos autores que têm se dedicado ao assunto desde a década de 1950 até hoje. Não é nosso propósito fazer aqui toda uma retrospectiva desses estudos.[6] Destacaremos apenas alguns pontos mais ilustrativos para exemplificar como autores de diferentes países concebem essa modalidade comunicacional.

O pensamento comunicacional dos Estados Unidos, por exemplo, sob uma perspectiva tradicional, tinha como foco ver a comunicação organizacional mais no âmbito interno e nos processos informativos de gestão. Linda Putnam e George Cheney (1990) identificaram cinco tradições de pesquisa no período de 1960 a 1980, a saber:

» o estudo da comunicação como meio-mensagem;

» estudos de canais de comunicação;

» estudos de clima;

» análise das redes formal e informal de comunicação; e

» comunicação superior-subordinado.

A partir dos anos 1980, houve uma reviravolta nas pesquisas e começaram a ser incorporados os estudos interpretativos que procuram priorizar outros aspectos, como a ênfase nas práticas cotidianas, nas interações sociais, nos processos simbólicos etc. Hoje pode-se dizer que os estudos são mais abrangentes e contemplam muitos assuntos, como análise de discurso, tomada de decisão e poder, aprendizagem organizacional, tecnologia, liderança, identidade organizacional, globalização e organização, entre outros.

Muitos estudiosos do campo, em países da Europa e da América Latina, incluindo-se também o Brasil, trabalham a comunicação organizacional sob uma perspectiva muito mais ampla, abrangendo suas várias modalidades (administrativa, interna, institucional, mercadológica ou de negócios), tendo como ênfase uma estratégia voltada para resultados e ganhos de retornos de imagem e identidade corporativa.

Uma singularidade em todo esse contexto pode ser encontrada no Canadá, onde a Escola de Montreal apresenta uma visão mais ousada da comunicação organizacional. Seu pensamento pode ser considerado uma

---

[6] Para obter melhor compreensão dos estudos já realizados sobre comunicação organizacional, sobretudo do pensamento dos pesquisadores dos Estados Unidos, país que detém a hegemonia do campo como identidade acadêmica, sugere-se uma consulta ao *handbook* organizado por Jablin e Putnam (2001), principalmente seus primeiros capítulos, nos quais os autores fazem uma revisão das "revisões" dos estudos da área.

mescla do pragmatismo norte-americano com o pensamento francês, tendo como um de seus principais expoentes James Taylor da Universidade de Montreal, que trabalha a comunicação organizacional sob uma perspectiva interpretativa/crítica, percebendo a comunicação como organização, em vez da comunicação nas organizações, conforme demos a entender antes.

Taylor adota uma perspectiva mais dialética e assume a complexidade da comunicação nas organizações. As relações se dão entre pessoas com diferentes visões de mundo, e estas pessoas, para que haja sucesso da organização, devem ser capazes de agregar seus *accounts* (experiências e perspectivas) ao *account* maior da organização (uma espécie de razão de ser). A questão da diversidade nas organizações é bastante abordada por Taylor em sua teoria da coorientação, na qual ele admite que cada membro da organização é influenciado por todos os outros, sempre de um plano simbólico realizado na linguagem e nas narrativas. Essa visão, portanto, deixa de conceber a comunicação como instrumental ou como um contêiner ou depósito para viabilizar os fluxos informativos e a concebe sob uma dimensão muito mais humana e de interação entre os indivíduos dentro das organizações.

Com base em novas tendências, o estudioso norte-americano Stanley Deetz (2001, p. 4) questiona o que, afinal, é comunicação organizacional. O que vemos ou o quanto estamos preparados para fazer, se pensamos a comunicação organizacional apenas de uma forma em contraposição a outras? Partindo dessa problemática, o autor propõe três novas e diferentes maneiras de conceituar a comunicação organizacional. Assim, de acordo com sua percepção, primeiramente o foco poderia estar no desenvolvimento da comunicação organizacional como uma especialidade em departamentos e associações de comunicação, caracterizando-se como qualquer produção ou publicação de seus membros em jornais privados. Em segundo lugar, se poderia analisá-la como um fenômeno inerente às organizações, independentemente de seus departamentos. E, por fim, se poderia pensá-la como um meio de descrever e explicar as organizações, ou seja, como um modo distinto de realizar a organização: "Assim como a sociologia, psicologia ou economia podem ser pensadas como capazes de explicar os processos organizacionais, a comunicação também poderia ser pensada como um modo distinto de estudo ou modo de pensar nas organizações" (DEETZ, 2001, p. 5).

O espanhol Joan Costa, um dos especialistas mais conceituados no assunto da Europa, apresenta uma visão abrangente da comunicação como estratégia nas organizações, dando importância às questões de imagem e da identidade corporativa:

> A comunicação se transformou em "corporativa". Não por um ca-
> pricho da linguagem ou por querer introduzir mais complexidade no
> mundo das empresas, mas pela força das coisas. Daí que as organiza-
> ções estejam despreparadas diante de uma nova realidade emergente,
> que é, ela mesma, produto da complexidade generalizada e da atua-
> ção tecnológica que caracterizam nossa sociedade e nossa civilização
> (COSTA, 1995, p. 95).

Para esse autor, a comunicação corporativa nasce de uma nova estratégia das organizações e leva em conta o total da comunicação de marketing, as várias formas de comunicação organizacional e da comunicação administrativa. Trata-se de uma abordagem, segundo ele, que especialistas da área trabalham para dinamizar suas próprias atividades de comunicação.

Por sua vez, o holandês Cees B. M van Riel, diretor do Centro de Comunicação Corporativa da Erasmus University, apresenta uma visão da comunicação corporativa e estratégica com forte ênfase aos estudos de reputação e imagem corporativa. Ele conceitua a comunicação organizacional como

> Um termo generalizado que engloba as relações públicas, assuntos
> públicos, relações com investidores, comunicação com o mercado de
> trabalho, propaganda institucional, comunicação com o ambiente e
> comunicação interna. Denota um grande grupo de atividades hetero-
> gêneas de comunicação, que só possuem algumas características em
> comum. A característica mais importante que todas essas atividades
> têm em comum é, sem dúvida, que todas elas são primordialmente
> dirigidas aos chamados públicos-alvo (VAN RIEL, 1995, p. 12).

Para o mexicano Horácio A. Rodriguez de San Miguel (2003), a comunicação organizacional pode considerada um conjunto de técnicas e atividades que buscam facilitar o processo de comunicação nas organizações por meio da comunicação interna, da comunicação externa, das relações públicas, da publicidade e da propaganda institucional. A visão mexicana de comunicação organizacional é voltada à comunicação integrada e estratégica, com ênfase nos aspectos institucionais do processo. Maria Antonieta Rebeil Corella, também do México, em um artigo, faz uma rápida asserção de como a comunicação organizacional é interpretada pelos estudiosos desse país e propõe a seguinte definição:

A comunicação organizacional é aquela que dentro de um sistema econômico, político, social ou cultural se dá à tarefa de resgatar a contribuição ativa de todas as pessoas que operativa e tangencialmente buscam abrir espaços para a discussão dos problemas da empresa ou instituição, esforçando-se por lograr soluções coletivas que beneficiam ao sistema e que o tornam mais produtivo. A comunicação organizacional inclui três dimensões: a comunicação institucional ou corporativa; a comunicação interna; e a comunicação mercadológica (marketing e publicidade) (REBEIL CORELLA, 2000, p. 177).

A visão colombiana contempla uma visão ampla e social da comunicação nas organizações, entendendo-a como processos, mensagens e redes e analisando sua gestão por meio da cultura e identidade organizacional. Enfatiza, também, a comunicação estratégica e corporativa. Mariluz Restrepo, por exemplo, valoriza muito os aspectos da cultura e da identidade na dinâmica organizacional. Escreve ela:

A comunicação em e das organizações deve ser entendida de uma maneira integral, reconhecida como presente em todas as ações de uma empresa ou entidade, configurando de maneira permanente a construção de sua cultura e identidade, marcando um estilo próprio e, por fim, suas formas de projetar-se ao exterior. Cada vez está mais nítido como os processos comunicacionais contribuem para desenvolver formas de inter-relação mais participativas e, portanto, mais comprometidas a dar maior flexibilidade às organizações como base de sua permanente transformação e a facilitar sua interação social de maneira responsável para conjugar seus interesses com as condições culturais, econômicas e políticas em que se inserem e se desenvolvem, para configurar com maior sentido nossa sociedade. Trabalhar estes aspectos se faz indispensável como parte das tarefas de qualquer organização. Ao se abordarem as organizações a partir de uma perspectiva comunicacional, reconhecem-se novas maneiras de ver o trabalho, as relações internas e os diversos processos de interação com seus diversos públicos externo (RESTREPO, 1996, p. 92).

Pablo A. Múnera Uribe e Uriel H. Sánchez Zuluaga, outros estudiosos do campo na Colômbia, priorizam a visão mais corporativa da comunicação organizacional. Para eles:

Uma primeira definição poderia ressaltar que a comunicação corporativa é a integração de todas as formas de comunicação de uma organização, com o propósito de fortalecer e fomentar sua identidade e, por consequência, melhorar sua imagem corporativa. É dizer que abarca todas as formas de apresentação e representação (simbolismo) de uma empresa; suas ações e seus atos voluntários, os tipos de comunicação com suas polaridades e gamas, entre os quais se pode enumerar o estratégico e o tático, o formal e o informal, a comunicação personalizada e a de difusão, a de massa e a dirigida, a imediata e a mediata, a direta e a indireta, a unidirecional e a bidirecional, a próxima e a distante, a carismática e a funcional, a quente e a fria, a relacional e a pontual, assim como a motivadora e a pesada (MÚNERA; ZULUAGA, 2003, p. 107)

No Brasil, os estudiosos da comunicação organizacional a abordam dentro de uma visão ampla e estratégica, considerando-a sob uma perspectiva integrada. Gaudêncio Torquato (1986, 2002), um dos pioneiros dessa concepção no país, elenca sob esse conceito as subáreas da comunicação social (jornalismo, relações públicas, publicidade, editoração etc.), a assessoria de imprensa, o jornalismo empresarial, a comunicação interna, a comunicação institucional, o marketing cultural e social, entre outras, todas elas amplamente trabalhadas em suas obras.

Wilson da Costa Bueno procura conciliar o institucional e o mercadológico, destacando a função social das empresas. Esse autor continua adotando até hoje a terminologia "comunicação empresarial". Escreve ele:

A comunicação empresarial afina-se com o processo de gestão organizacional e tem sido pouco a pouco afetada pelas pressões do mercado, sobretudo quando ele se orienta por objetivos estritamente comerciais, relegando a segundo plano o seu caráter institucional. Felizmente, por uma reação de grupos sociais, as organizações têm sido pressionadas a exercer, em sua plenitude, sua função social. A indústria da comunicação também experimenta mudanças drásticas, com o aprofundamento de sua concentração e a sua dependência de fatores políticos e econômicos. A comunicação empresarial precisa conciliar estas duas vertentes, a institucional e a mercadológica, de modo a garantir, ao mesmo tempo, o reforço da imagem de uma empresa comprometida com a cidadania e a obtenção de resultados favoráveis (BUENO, 2003, p. 31-32).

De nossa parte, conceituamos da seguinte forma a "comunicação organizacional integrada":

> Comunicação organizacional, como objeto de pesquisa, é a disciplina que estuda como se processa o fenômeno comunicacional dentro das organizações no âmbito da sociedade global. Ela analisa o sistema, o funcionamento e o processo de comunicação entre a organização e seus diversos públicos. "Comunicação organizacional", "comunicação empresarial" e "comunicação corporativa" são terminologias usadas indistintamente no Brasil para designar todo o trabalho de comunicação levado a efeito pelas organizações em geral. Fenômeno inerente aos agrupamentos de pessoas que integram uma organização ou a ela se ligam, a comunicação organizacional configura as diferentes modalidades comunicacionais que permeiam sua atividade. Compreende, dessa forma, a comunicação institucional, a comunicação mercadológica, a comunicação interna e a comunicação administrativa (KUNSCH, 2003, p. 149).

Essa concepção procura contemplar uma visão abrangente da comunicação nas e das organizações, levando em conta todos os aspectos relacionados com a complexidade do fenômeno comunicacional inerente à natureza das organizações, bem como os relacionamentos interpessoais, além da função estratégica e instrumental. Trata-se de um estudo a que estamos nos dedicando desde os anos 1980 e que continua em curso, pois buscamos sempre fundamentar e aperfeiçoar os pontos mais relevantes para a construção de uma teoria sob uma perspectiva do pensamento comunicacional brasileiro dessa área do conhecimento.

Na verdade, o que defendemos é a adoção, por parte das organizações, de uma filosofia da comunicação integrada e a não fragmentação dessa comunicação. Quando procuramos esboçar nossa proposta, não queremos dar a entender que tudo deva ocorrer de maneira tranquila, sem conflitos e em compartimentos separados, conforme os diagramas, que se propõem a tornar os conceitos muito mais didáticos e compreensíveis.

Apresentamos, a seguir, um novo diagrama, diferente dos apresentados em outras obras de nossa autoria.[7]

---

[7] Cf. Kunsch (1997, 2003).

Figura 7.1 – Comunicação organizacional integrada

Fonte: Adaptado de Kunsch (2009).

Nesse diagrama, procuramos destacar duas áreas fundamentais para dirigir a comunicação organizacional: Relações Públicas e Marketing. Relações Públicas abarcaria, por sua essência teórica, a comunicação institucional, a comunicação interna e a comunicação administrativa. E o Marketing responderia por toda a comunicação mercadológica.[8]

Como se pode observar, a comunicação organizacional, sob essa perspectiva abrangente, é por si só complexa. Nesse sentido, a área da comunicação deixa de ter uma função meramente tática e passa a ser considerada estratégica, isto é, ela precisa agregar valor às organizações. Em outras palavras, ela deve ajudar as organizações no cumprimento de sua missão, na consecução dos objetivos globais, na fixação pública de seus valores e nas ações para atingir seu ideário de visão no contexto de uma concepção de mundo, sob a égide dos princípios éticos.

Ressalte-se, ainda, que as ações comunicativas precisam ser guiadas por uma filosofia e uma política de comunicação integrada que levem em conta as demandas, os interesses e as exigências dos públicos estratégicos

---

[8] Para mais detalhes sobre os conceitos dessas modalidades comunicacionais, sugere-se consulta a Kunsch (2003, pp. 152-178).

e da sociedade. Em resumo, deve haver total integração entre a comunicação interna, a comunicação institucional e a comunicação de negócios para a busca e o alcance da eficácia, da eficiência e da efetividade organizacional, em benefício dos públicos e da sociedade como um todo e não só da empresa isoladamente. Estudar, compreender e praticar a comunicação organizacional, portanto, é muito mais complexo que se imagina.

Referências

ADLER, R. B.; TOWNE, N. *Comunicação interpessoal*. 9. ed. Rio de Janeiro: LTC, 1999.

BUENO, W. C. *Comunicação empresarial*: teoria e pesquisa. Barueri: Manole, 2003.

CHANLAT, J. F. *Ciências sociais e management*: reconciliando o econômico e o social. São Paulo: Atlas, 1999. Trad. Ofélia de Lanna Sette Torres.

CASADO, T. O papel da comunicação interpessoal. In: *As pessoas na organização*. São Paulo: Gente, 2002. p. 271-282.

COSTA, J. *Comunicación corporativa y revolución de los servicios*. Madrid: Ed. de las Ciencias Sociales, 1995.

DEETZ, S. Conceptual foundations. In: JABLIN, Frederic M.; PUTNAM, L. L. (eds.).*The new handbook of organizational communication*: advances in theory, research, and methods. Thousand Oaks: Sage Publications, 2001, p. 3-46.

_____. Conceptual foundations. In: JABLIN, F. M.; PUTNAM, Linda L. (eds.). *The new handbook of organizational communication*: advances in theory, research, and methods. Thousand Oaks: Sage Publications, 2001. p. 5

ETZIONI, A. *Organizações modernas*. 6. ed. São Paulo: Pioneira, 1980.

FERNANDES COLLADO, C. (org.). *La comunicación en las organizaciones*. 2. ed. México: Trillas, 2003.

GIDDENS, A. *Modernidade e identidade*. Rio de Janeiro: Jorge Zahar, 2002.

JABLIN, F. M.; PUTNAM, L. L. (eds.). *The new handbook of organizational communication*: advances in theory, research, and methods. Thousand Oaks: Sage, 2001.

KREPS, G. L. *La comunicación en las organizaciones*. 2. ed. Buenos Aires: Addison-Wesley Iberoamericana, 1995.

KUNSCH, M. M. K. (coord.). *Obtendo resultados com relações públicas*. 2. ed. – revista e atualizada. São Paulo: Pioneira Thomson Learning, 2006.

_____. *Planejamento de relações públicas na comunicação integrada*. 4. ed. – revista, ampliada e atualizada. São Paulo: Summus, 2003.

_____. *Relações públicas e modernidade*: novos paradigmas na comunicação organizacional. São Paulo: Summus, 1997.

_____. *Universidade e comunicação na edificação da sociedade*. São Paulo: Loyola, 1992.

LUCHETTI, N. Parto normal: um relato sobre o nascimento da ABERJE, trinta anos atrás. *Revista Comunicação empresarial*. São Paulo, ABERJE, a. 2, n. 25, p. 18-23, 4. trim. 1997.

MÚNERA URIBE, P. A.; SÁNCHEZ ZULUAGA, U. H. *Comunicación empresarial*: una mirada corporativa. Medellín: Asociación Iberoamericana de Comunicación Estratégica, 2003.

PENTEADO, J. R. W. *A técnica da comunicação humana*. 5. ed. São Paulo: Pioneira, 1976.

PUTNAM, L. L. et al. Communication theory and organizational communication: multiple perspectives. In: JABLIN, F. M. et al. (eds.). *Handbook of organizational communication*. Newbury Park: Sage Publications, 1987. p. 18-39.

PUTNAM, L. L.; PACANOWSKY, M. E. *Communication and organizations*: an interpretative approach. Newbury Park/Londres: Sage Publications, Inc., 1983.

PUTNAM, L. L. et al. Metáforas da comunicação e da organização. In: CLEGG, S. R. et al., CALDAS, M. et al. (eds.) *Handbook de estudos organizacionais*. v. 3 – Ação e análise organizacionais. São Paulo: Atlas, 2004. p. 77-125.

PUTNAM, L.; CHENEY, G. Organizational communication: historical development and future directions. In: CORMAN, S. R. et al. (eds.) *Foundations of organizational communication*: a reader. Nova York/Londres: Longman, 1990. p. 44-61.

REBEIL CORELLA, M. A.; REZÉNDIZ, C. R. (coords.). *El poder de la comunicación en las organizaciones*. 2. reimp. México: Plaza y Valés Editores/Universidad Iberoamericana, 2000.

RESTREPO, M. Comunicación para la dinámica organizacional. *Revista Signo y pensamiento*. Bogotá, Universidad Javeriana, n. 26, v. 14, p. 91-96, 1995.

RODRIGUEZ DE SAN MIGUEL, H. A. Definición y alcance de la comunicación organizacional. In: FERNANDES COLLADO, C. (org.). *La comunicación en las organizaciones*. 2. ed. México: Trillas, 2003. p.11-17.

TAYLOR, J. R. *Rethinking the theory of organizational communication*: how read an organization. Norwood: Ablex, 1993.

_____. Engaging organization through worldview. In: MAY, S. e MUMBY, D. K. (eds.). *Engaging organizational communication theory and perspectives*: multiple perspectives. Thousand Oaks: Sage, 2005. p.197-221.

TORQUATO, G. *Tratado de comunicação organizacional e marketing político*. São Paulo: Pioneira Thomson Learning, 2002.

_____. *Comunicação empresarial, comunicação institucional*: conceitos, estratégias, sistemas, estruturas, planejamento e técnicas. São Paulo: Summus, 1986.

_____. *Cultura, poder, comunicação e imagem*: fundamentos da nova empresa. São Paulo: Pioneira, 1991.

VAN RIEL, C. B. M. *Principles of corporate communication*. Hemel Hempstead: Pretince Hall, 1995.

_____. *Jornalismo empresarial*. São Paulo: Summus, 1984.

VALENTE, C.; NORI, W. *Portas abertas. A experiência da Rhodia*: novos caminhos da comunicação social na empresa moderna. São Paulo: Best Seller, 1990.

WOLF, M. *Teorias da comunicação*. Lisboa: Editorial Presença, 1987. Trad. Maria Jorge Vilar de Figueiredo.

REVENDO VALORES NO AMBIENTE ORGANIZACIONAL[1]

Paulo Nassar

Memória como o lugar dos valores

Tudo tem acontecido muito rapidamente, em uma espécie de tudo junto ao mesmo tempo agora. O que nos deixa de frente para um congestionamento de valores. Por isso, e pela profundidade das mudanças que passamos como civilização nas décadas recentes, é preciso parar e olhar o presente, de maneira a entender onde estamos e enxergar tudo com clareza. Tal qual o deus Jano, da mitologia romana, olhar para todas as direções do tempo e realizar os rituais que ligam as tradições às inovações. Entender que os valores perdem seus sentidos éticos e estéticos, perante a sociedade, quando são destruídos os lugares que guardam as memórias. As fábricas, os escritórios e os espaços públicos são, cada vez mais, lugares em que o tempo é apenas um elemento voltado para a

---

[1] O autor dedica o capítulo a Luiz Márcio Ribeiro Caldas Júnior, que contribuiu com anotações e observações fundamentais para a formatação final do texto.

hiperprodutividade. Nesses lugares não existe o tempo para transformar informações em valores.

O ambiente organizacional está esgotado de valores importantes para sustentar a gestão respeitosa dos aspectos ambientais, sociais, econômicos e culturais, que asseguram a presença afetuosa do homem no mundo. E uma das principais causas dessa falta de valores é a destruição dos lugares, das moradas da memória (YATES, 2007, p. 17-45), tal como pensou o poeta grego Simônides de Ceos, ocasionada pelas frequentes reestruturações produtivas e patrimoniais de empresas e instituições, balizadas, em sua maioria, exclusivamente pelo enfoque econômico. Marc Augé denomina **lugar antropológico** o espaço em que as marcas humanas são referências fundamentais para o cotidiano da vida:

> Reservamos o termo *lugar antropológico* àquela construção concreta e simbólica do espaço que não poderia dar conta, somente por ela, das vicissitudes e contradições da vida social, mas à qual se referem todos aqueles a quem ela se designa um lugar, por mais humilde e modesto que seja. É porque toda antropologia é antropologia da antropologia dos outros, além disso, que o lugar, o lugar antropológico, é simultaneamente princípio de sentido para aqueles que o habitam e princípio de inteligibilidade para quem o observa. O lugar antropológico tem escala variável. A casa *kabile* com seu lado sombra e seu lado luz, sua parte masculina e sua parte feminina, a choupana *mina* ou *ewe* com seu *legba* do interior, que protege quem dorme de suas próprias pulsões, e o *legba* do portal, que o protege das agressões externas; as organizações dualistas, que muitas vezes são traduzidas no solo por uma fronteira bastante material e bastante visível, e que comandam direta ou indiretamente a aliança, as trocas, os jogos, a religião; as aldeias ebriê ou atiê, cuja tripartição ordena a vida das linhagens e das faixas etárias; tantos lugares cuja análise faz sentido, porque foram investidos de sentido, e porque cada novo percurso, cada reiteração trivial, conforta-os e confirma sua necessidade. Esses lugares têm pelo menos três características comuns. Eles se pretendem (pretende-nos) identitários, relacionais e históricos (AUGÉ,1994, p. 51-52).

Quais são as fábricas e escritórios de nossos dias que podem reivindicar o status de lugar do homem? E, sendo assim, um lugar de valores?

Homo economicus e o lugar como ruína dos valores

Tomando emprestada uma ideia do filósofo alemão Georg Wilhelm Friedrich Hegel (1770-1831), na qual ele diz que nada no mundo é estático, tudo está em constante processo, portanto, tudo é histórico graças ao permanente choque entre opostos, partimos do término da Guerra Fria, simbolizado pela queda do Muro de Berlim, em 1989, quando se encerraram quarenta anos de disputa entre os Estados Unidos e a antiga União das Repúblicas Socialistas Soviéticas (URSS) pela hegemonia mundial.

Iniciada no fim da Segunda Guerra Mundial, a Guerra Fria foi uma intensa briga econômica, diplomática e tecnológica pela conquista de zonas de influência no mundo, que o dividiu em dois blocos, com sistemas político-econômicos opostos, o capitalista dos Estados Unidos e o comunista da então URSS, que levou a uma corrida armamentista e nos colocou sob a ameaça iminente de uma guerra nuclear. No entanto, depois que a Alemanha foi reunificada, aos poucos, os regimes comunistas do Leste Europeu se dissolveram, e a URSS, em 1991, se desintegrou. O conflito entre capitalismo e comunismo deu lugar às contradições entre o hemisfério norte, dos países desenvolvidos, e o hemisfério sul, onde concentra-se a maioria dos subdesenvolvidos. No Brasil, a Guerra Fria foi sentida especialmente no governo do presidente marechal Eurico Gaspar Dutra, de 1946 a 1951, que rompeu relações diplomáticas com os países socialistas; na "Aliança para o Progresso", um programa aplicado entre 1961 e 1969 para promover o desenvolvimento econômico da América Latina com a liderança e a colaboração técnico-financeira dos Estados Unidos, uma resposta à Revolução Cubana para inibir o surgimento de características de Cuba em outro país da região; no golpe de 1964; e no apoio à ditadura militar de 1964 a 1985.

Portanto, em 1989 vigorava no mundo uma nova geopolítica, começava-se a viver a globalização e uma agressiva onda de competitividade pelos mercados, enquanto eram sentidos os primeiros impactos da revolução tecnológica em curso. Tinha-se um novo cenário mundial, no qual começavam as medidas preconizadas pelo "Consenso de Washington", um conjunto de dez regras básicas formulado por economistas de Washington, Fundo Monetário Internacional (FMI), Banco Mundial e Departamento do Tesouro dos Estados Unidos, fundamentadas em um texto do economista John Williamson, do Peterson Institute for International

Economics, tornou-se a política oficial do FMI para promover o ajustamento macroeconômico dos países em desenvolvimento, que passavam por dificuldades.

O "pensamento único" tem ligação direta com a estabilidade do mercado financeiro, a indústria do lazer e as atividades relacionadas com a segurança pública e individual, que beneficiam poucos privilegiados, e dá pouca atenção às precariedades do consumo da massa. Afinal, são os marginalizados que justificam o crescimento da indústria da segurança e daí o surgimento do efeito malthusiano,[2] de controle da natalidade ou do cúmulo de se responsabilizar os pobres pela própria miséria em que vivem, ao se propagar que eles preferem beber aguardente a comprar leite, ou que a pobreza não é tanta já que na favela há televisores e até carros. Um ambiente, portanto, propício ao *homo economicus*, um conceito pensado por Adam Smith, e assumido por economistas, para o estudo e a investigação analítica das ações econômicas do homem, que abstrai as dimensões morais, éticas, religiosas, históricas, políticas, culturais etc. do comportamento humano e se concentra em duas funções elementares exercidas por qualquer indivíduo: a produção e o consumo.

Essa hipótese de "homem econômico" indica a forma como as pessoas pautam seu comportamento nos lugares homogeneizados de produção na sociedade, em que cada indivíduo, qualquer que seja, é motivado por forças econômicas e por uma retórica destinada a consolidar na sociedade uma cultura gerencial, em que a empresa é o lugar que regula as relações sociais, econômicas e psicológicas da sociedade. É um estado sociopsíquico em que os valores a serem praticados pela sociedade têm como modelo a história e as ações de personalidades empresariais, e suas propostas para o presente e para o futuro (missão e visão) da sociedade, nos diferentes campos de alto interesse social, entre eles, a educação, a saúde, a segurança e a justiça. Essa cultura gerencial tem sido disseminada por meio de manuais, códigos, publicações de negócios, entre outros, como destacam autores como Wood e Paes de Paulo (2002) e Bendasolli (2007).

Nesse contexto em que as "boas" referências simbólicas são quase sempre aquilo que emana da empresa, a ação e o sonho do trabalhador direcionam-se a obter o máximo de resultado com o mínimo de custo ou sacrifício. A trilogia ***homo economicus*, mercado competitivo e livre comércio** portanto, prega o individualismo metodológico, no qual os ho-

---

[2] Thomas Malthus (1766-1834): "O homem deveria restringir voluntariamente a sua capacidade de reprodução, para que a natureza não se encarregasse dessa restrição, através da fome, da doença e da guerra".

mens são livres e iguais (embora com direitos de propriedade diferentes e desiguais), e são, por natureza, egoístas e racionais – características que os levam a desejar, em qualquer situação, cada vez mais mercadorias –, e se baseia no pressuposto da não saciedade. Assim, a sociedade econômica é polarizada por dois agentes: a família, polo de consumo; e a empresa, polo de produção. Esses encontram-se na função de negociar em mercados, e suas decisões de compra e venda são emitidas pelo sistema de preços e balizadas por uma racionalidade específica que consiste na busca de satisfação máxima, pelo consumidor (a família), e de lucro máximo, pelo produtor (a empresa), como destacam Ceci Vieira, Wood e Paes de Paulo (2002) e Bendasolli (2007).

Nessa sociedade, caracterizada por empresas gigantescas, muitas monopolísticas, e por imensas burocracias, as grandes indústrias do consumo buscam incessantemente o lucro e utilizam a publicidade, as relações públicas e a comunicação organizacional intensamente para transformar o homem em um ser voraz, um eterno lactente querendo consumir sempre mais, imitar mais aquilo que a cultura gerencial define como excelente e bom, capaz de converter tudo em artigos de consumo, criar novas necessidades artificiais e manipular os gostos do homem. Nela, o indivíduo – sem nenhum controle sobre suas condições de trabalho – impotente, só, entediado e aborrecido torna-se o *homo consumens*, "um homem cujo objetivo fundamental é consumir cada vez mais, para compensar seu vazio, sua passividade, sua solidão e sua ansiedade e o caráter, em suas formas mais extremas, constitui um conhecidíssimo fenômeno psicopatológico" (FROMM, 1966, p. 257-8).

Há, porém, um prenúncio de mudança

Até pouco antes da grande crise econômica norte-americana de 2008, que contaminou a economia mundial, o pensamento econômico contemporâneo era monopolizado pela discussão sobre o tamanho do Estado e o espaço que o mercado deveria ter para permitir que cada indivíduo e empresa se preocupem com seu próprio problema de maximização, sem descuidar dos sinais de escassez, transmitidos pelo sistema de preços e sob a ação predatória e especulativa de capitais que correm o mundo em busca de ganho rápido. Como o "mercado mundial deixou de ser o grande princípio organizador da sociedade" (GEORGES, 2000, p. 152), tendo como seus principais coadjuvantes as instituições internacionais, as grandes empresas multinacionais e nacionais, bem como os governos dos países responsáveis, um novo modelo parece ser necessário. É mais ou menos nesse ponto em que estamos.

Paralelamente, na década de 1990, após um longo período de economia praticamente fechada e altas taxas de inflação, o Brasil, com a participação do FMI agindo sob a regência do "pensamento único", fez sua abertura comercial e alcançou a estabilização macroeconômica, que o levaram a integrar-se à economia mundial, à modernização tecnológica e ao incremento da produtividade. Nassar e Figueiredo (1995) trataram, ainda nessa época, da abrangência da atividade da comunicação organizacional como uma das consequências da redemocratização do país, que se deu a partir de 1985, e levou, por exemplo, o deslocamento do foco da comunicação – antes dirigido aos empregados da empresa – para uma faixa amplificada, que passou a incluir a sociedade e seus atores. Nesse ambiente, em que a concorrência e o maior acesso ao capital estrangeiro estimulavam os produtores a aumentar a competitividade, viu-se o crescimento de recursos investidos na produção, por conta do aumento da demanda doméstica a partir da redução da inflação e da substituição de importações e incremento das exportações. Essa reestruturação produtiva e inserção do Brasil na economia internacional provocaram uma reformulação na gestão empresarial, que vivia o "toyotismo",[3] a qualidade total, o *downsizing*, a reengenharia e a grande avalanche de fusões e aquisições de empresas, com seus impactos e consequências sociais e administrativos (NASSAR, 2007b).

Soma-se a isso tudo certa "comoditização" dos produtos e serviços dentro do mercado concorrencial agressivo, que resulta na necessidade de as empresas, ainda mais, se diferenciarem uma das outras aos olhos do consumidor, que passava a protagonizar a cena, ao se conscientizar do poder e dos seus direitos. Essa busca pela diferenciação desaguou na extrapolação das responsabilidades da empresa. Afinal, não bastava seguir as leis, pagar os impostos, assinar a carteira de trabalho dos empregados e cumprir o objeto do contrato social registrado na junta comercial. Era preciso ir além das responsabilidades comerciais, tomar para si parte da solução dos problemas sociais, cuja competência é classicamente do Estado. Viu-se uma flagrante invasão do público pelo privado, diante da inoperância do governo nas aflições sociais, culturais e ambientais dos brasileiros. Muitas atrocidades foram cometidas por empresários em nome do social, muitos interesses foram satisfeitos com a manipulação da boa-fé dos consumidores e o uso das criancinhas como massa de manobra.

---

[3] Modo de organização da produção capitalista originário do Japão, criado após a Segunda Guerra Mundial, caracterizado como filosofia orgânica da produção industrial, modelo japonês.

Como no dito popular, "muita reverência foi feita com chapéu alheio" e muita saliva foi gasta nos discursos sociais empolados e vazios para encobrir interesses privados, tentar disfarçar a incoerência das ações pirotécnicas do chamado **marketing social**.

Para além do contrato

A exploração excessiva, pouco ética e interesseira das responsabilidades extramercadológicas por uma considerável parcela de empresas provocou o desgaste desse recurso retórico e andou abalando algumas poucas reputações. No entanto, na primeira década dos anos 2000, um conceito novo – mas ainda não totalmente compreendido neste tempo em que escrevo – tem rendido muito espaço e visibilidade: o aquecimento global, que veio substituir a responsabilidade social empresarial ao introduzir o complexo conceito de sustentabilidade. **Complexo** – palavra entendida aqui da forma como Edgar Morin (2008, p. 16) a definiu: *complexus*, aquilo que se tece em conjunto. Apesar do pouco tempo, a palavra **sustentabilidade** já dá sinais de fadiga pelo uso exaustivo, inadequado, irresponsável e, também, interesseiro. Percebem-se muitas deficiências de compreensão do que significa e compreende o comportamento empresarial e pessoal, de acordo com o que preconiza a teoria que embasa a sustentabilidade. A diferença entre o que é factível e o que é ficção, no discurso das organizações, abre o espaço no qual muitos empresários se beneficiam, e traz a alegria para seus acionistas à custa da inocência ou da ignorância das pessoas.

No entanto, nessa mesma década, também vimos o início da integração, ao composto da comunicação organizacional, das narrativas baseadas no universo simbólico das empresas e instituições; o uso de relatos orais; a memória dos empregados e dos consumidores; o resgate dos lugares, mitos de origem e dos ritos e rituais de cada empresa; e a valorização da história, da psicologia organizacional, da antropologia. Ao mesmo tempo, as figuras do *homo economicus* e do *homo consumens* começaram a enfraquecer, ou ceder espaço, diante da amplificação da reflexão a respeito das consequências do "hiperconsumo" sobre o planeta e sobre a espécie humana, e, sobretudo, como reação à constatação de que o "homem social, relacional" integra-se, também, aos objetivos da organização por meio dos valores.

Assim, a despeito de as empresas pendurarem nas paredes, especialmente nas do *hall* de entrada, o indefectível quadro que emoldura seus valores, missão e visão – uma espécie de mais do mesmo, repetição de palavras frias, distantes dos homens e mulheres que constituem aquela organização –, os valores começam a apoiar a criação de sentido e significado do trabalho e do lazer na era do conhecimento, que retira do trabalho e do lazer o ranço do passado, ligado ao sofrimento, à brutalização, à desqualificação do trabalhador e ao tempo morto.

Uma pesquisa sobre **valores organizacionais**, realizada em 2007 pela Associação Brasileira de Comunicação Empresarial (Aberje) com as 500 maiores empresas segundo o *ranking* da revista *Exame*, edição de 2006, e com os 159 bancos com maiores ativos segundo a Federação Brasileira de Bancos (Febraban), apresentou como valores mais recorrentes:[4] **Respeito**, com 187 ocorrências diretas; **Responsabilidade**, 138; e *Ética*, 109. No caso dos bancos, os valores mais citados foram: *Ética*, com 56 ocorrências diretas; **Respeito**, 47; e **Transparência**, 34.

A pesquisa também indicou que "valor", em algumas organizações, é chamado de "princípios", "diretrizes estratégicas", "orientações estratégicas", "filosofia", "pontos principais da cultura do grupo", "'compromissos", "características", "conceitos da identidade" ou, ainda, não recebe denominação específica.

Os valores da empresa não podem estar centrados nela própria, nas palavras que o presidente e a diretoria, eventualmente, escolheram de uma lista. Os valores foram estabelecidos além da empresa. Extrapolaram as fronteiras da economia política e ocuparam importante espaço na essência, no jeito de ser e de fazer de uma organização. Friedrich Nietzsche (1844-1900) elevou esse conceito ao status filosófico, entendido como uma "qualidade que envolve apreciação ou desperta o interesse de alguém", como explica a axiologia, a teoria dos valores.

O documento produzido em 2007, quando a Aberje completou 40 anos, traz uma reflexão bastante pertinente para a revisão de valores no ambiente da gestão e dos comunicadores organizacionais:

> Nunca houve um conflito tão claro, tão límpido, entre as nossas capacidades – profissionais, intelectuais, talvez até emocionais – e o mundo que estamos gerando: sujo, injusto, talvez em agonia. Nunca os comunicadores tiveram tanta responsabilidade à sua frente. No passado, fomos questionados. Estaríamos apenas dando belas embalagens a produtos de má qualidade? Vendendo políticos como

---

[4] Do universo de 500 empresas pesquisadas, 343 (ou 68,6%) apresentaram valores. No caso dos bancos, de 159, 82 (ou 51,5%) apresentaram valores.

salvadores da pátria? Essa foi e é uma questão ética importante. A comunicação, inclusive a das organizações, não pode servir de rótulo para a mentira, a manipulação, a falsidade. Mas precisamos ir além. Não basta não fazer o errado. Precisamos fazer o que é certo, mesmo não sabendo ainda, com segurança, o que é certo. Nosso tempo conhece diferentes éticas, opções de vida e valores. Temos que respeitar essa diversidade. Mas, mesmo na diferença, devemos construir algo em comum: uma sociedade justa, um planeta que se sustente. Esses valores básicos podem nos ensinar já pelo menos o que é errado, o que não devemos fazer. Valores importantes fazem parte da missão da Aberje, de nosso foco como comunicadores de empresas ou instituições. (...) Como será possível preservar esse ganho enorme, que é a liberdade de cada um ser quem é, de cada um seguir suas crenças, sem dissolver os laços sociais em milhões de desejos antagônicos, numa busca desenfreada de mais e mais, o que acaba exaurindo a natureza e esgotando nossa alma? Acreditamos que seja possível montar um mundo novo, um mundo em que predomine o sentimento de responsabilidade histórica. Podemos unir a técnica e a ética com a estética. Este é o projeto: construir uma sociedade mais culta, solidária e sustentável. Achamos que esse projeto vale a pena. E por isso convidamos nossos associados a se unirem a ele (NASSAR; RIBEIRO; GUTTILLA, 2007, p. 6).

Conclui-se, então, que valores são fundamentais para a vida, inclusive para as empresas. Entretanto, talvez atravessemos, no momento, um deserto no qual eles não floresçam satisfatoriamente; talvez esta seja uma entressafra, um período de transição do antigo para o novo – no que se refere a relacionamento entre pessoas, e entre elas e organizações, entre modelos econômicos e modelos de produção –, época de rever e de reafirmar aquilo que vá além do reconhecimento econômico, simultaneamente nas dimensões dos valores ético e estético.

Referências

AUGÉ, M. *Não lugares*: introdução a uma antropologia da supermodernidade. Campinas: Papirus, 1994.

BENDASSOLLI, P. F. *Trabalho e identidade em tempos sombrios*: insegurança ontológica na experiência atual com o trabalho. Aparecida: Ideias & Letras, 2007.

FROMM, E. La aplicación del psicoanálisis humanista a la teoría de Marx. In: FROMM, E. et al. *Humanismo socialista*. Buenos Aires: Paidós, 1966.

GEORGES, S. *Le rapport lugano*. Paris: Fayard, 2000.

JURUÁ, C. V. *O vazio na economia: o deserto e as miragens*. Disponível em: <http://pt.wikipedia.org/wiki/Homo_economicus>. Acesso em: 10 de set. de 2009.

MORIN, E. *Amor, poesia, sabedoria*. Rio de Janeiro: Bertrand Brasil, 2008.

NASSAR, P.; FIGUEIREDO, R. *O que é comunicação empresarial*. São Paulo: Brasiliense, 1995.

NASSAR, P.; RIBEIRO, R. J.; GUTTILLA, R. W. (orgs.). *A comunicação organizacional frente ao seu tempo*: missão, visão e valores Aberje. São Paulo: Aberje, 2007.

NASSAR, P. Agências de comunicação, uma atividade em (r)evolução. In: PEREZ, C.; SANTO BARBOSA, I. (orgs.). *Hiperpublicidade, fundamentos e interfaces*. v. 1. São Paulo: Thomson Learning, 2007b.

YATES, F. A. *A arte da memória*. Campinas: Unicamp, 2007.

WOOD JR., T. ; PAES DE PAULA, A. P. *Pop-management*: a literatura popular de gestão no Brasil. Relatório de pesquisa do Núcleo de Pesquisas e Publicações, FGV-EAESP, São Paulo, 2002.

GRUPOS DE PESQUISA EM RELAÇÕES PÚBLICAS E COMUNICAÇÃO ORGANIZACIONAL: TEMÁTICAS ADOTADAS NAS INSTITUIÇÕES DE ENSINO SUPERIOR

Cláudia Peixoto de Moura
Victor Márcio Laus Reis Gomes

Este capítulo apresenta resultados empíricos de uma etapa do projeto intitulado A Pesquisa em Relações Públicas: práticas acadêmicas e capital cultural,[1] que objetiva analisar as práticas acadêmicas realizadas nas instituições de ensino superior mediante atividades desenvolvidas tanto em nível de graduação como de pós-graduação, nas áreas de Relações Públicas e de Comunicação Organizacional, envolvendo grupos de pesquisa registrados no Conselho Nacional de Desenvolvimento Científico e Tecnológico (CNPq). Na etapa atual, foram mapeados os grupos de pesquisa registrados em ambas as áreas, além de levantadas as temáticas vinculadas às linhas de pesquisa das instituições de ensino superior. A técnica de pesquisa documental foi utilizada para coletar as informações de um banco de dados no portal do CNPq (http://www.cnpq.br/), que detém os registros dos grupos de pesquisa brasileiros.

---

[1] Projeto aprovado no edital para Produtividade em Pesquisa – PQ – nível 2, do CNPq.

O Diretório dos Grupos de Pesquisa foi adotado para a coleta de dados da presente investigação.[2] A escolha se deve ao fato de o referido diretório manter um banco de dados corrente com informações atualizadas continuamente, pelos segmentos de público envolvidos em processos investigativos vinculados principalmente a instituições de ensino superior no país. Desde 1992, o CNPq mantém os registros dos grupos de pesquisa em atividade, com informações sobre as linhas de pesquisa e sua localização no espaço (região, estado e instituição) e no tempo.

Um inventário resultou de informações textuais (por busca textual), que recuperaram dados relevantes para a presente etapa do trabalho, sendo realizado mediante a inserção dos termos "relações públicas" e "comunicação organizacional" no tópico **Consultar**, além do filtro para a busca na grande área de Ciências Sociais Aplicadas e na área de Comunicação. Entre as finalidades do Diretório dos Grupos de Pesquisa, destaca-se o fato de ser uma fonte de informação na qual constam os censos ocorridos, possibilitando um aprofundamento de questões, como a existência de estudos com o foco nas diversas apropriações do termo "cultura", envolvendo comunicação e organizações.

O levantamento, realizado no primeiro semestre de 2011, permitiu estabelecer a quantidade de grupos existentes para, posteriormente, identificar as temáticas abordadas, no sentido de preservar a memória das atividades investigativas desenvolvidas. Cada grupo de pesquisa indicado foi considerado uma unidade de análise para o inventário, apresentando: sua denominação, instituição de ensino superior participante, estado, região, vínculo com linhas de pesquisa, palavras-chave e objetivos, conforme o cadastramento realizado pelos respectivos líderes dos grupos e certificado pela instituição a qual pertencem.

Campos de Relações Públicas e de Comunicação Organizacional

A Pesquisa em Relações Públicas é responsável por grande parte das informações necessárias às instituições. O debate sobre as áreas de Relações Públicas e de Comunicação Organizacional contribui para a noção dos campos. O binômio Relações Públicas-Comunicação Organizacional permite abordagens que revelam semelhanças, diferenças e complemen-

---

[2] As informações foram obtidas no portal do CNPq (http://www.cnpq.br/) sob o link "Diretório dos Grupos de Pesquisa".

taridades entre as duas áreas, que podem ser consideradas dois campos, muito mais por suas configurações do que propriamente pelos saberes. Ambas sofrem tensões, concorrem entre si pelos espaços e vivem suas lutas internas e externas, no sentido adotado pelo sociólogo Pierre Bourdieu.

A questão envolve um campo científico e hábitos institucionais. "O campo científico é, de fato, um campo de lutas como outro qualquer" (BOURDIEU, 1994, p. 24), cuja participação na luta está relacionada com o capital científico em um espaço social estruturado. Há uma relação entre as instituições e os hábitos como uma forma de incorporação do social, realizada pela aprendizagem, fundamentada em ações que garantem sua presença na sociedade. As relações podem ser "entendidas como *interações*, ou seja, como relações intersubjetivas realmente efetuadas" (BOURDIEU, op. cit., p. 45 – grifo do autor). A estrutura das relações constitui o espaço do campo, ocorrendo no espaço institucional a produção característica dos que ocupam o referido espaço, sendo que as relações de concorrência/competição e de conflito/luta contribuem para o afrontamento dentro dos campos, de Relações Públicas e de Comunicação Organizacional.

O jogo social é constituído de ações e reações manifestadas nos "campos de luta para transformar ou conservar esses campos de forças" (ibid., p. 51), para melhorar as posições dos indivíduos que aderiram ao jogo. No campo "há dominantes e dominados, há relações constantes, permanentes, de desigualdade" e "cada um, no interior desse universo, empenha em sua concorrência com os outros a força (relativa) que detém e que define sua posição no campo e, em consequência, suas estratégias" (BOURDIEU, 1997, p. 57), a exemplo de Relações Públicas e de Comunicação Organizacional, que agem sobre outros campos.

Os hábitos praticados estão relacionados com o campo de lutas identificado em instâncias, a saber: a área de Comunicação Social, da qual Relações Públicas e Comunicação Organizacional fazem parte; as instituições de ensino superior que formam profissionais para uma atuação nas duas áreas; as organizações que contratam os respectivos profissionais egressos dos cursos superiores; e a sociedade que recebe a produção originada do exercício profissional em ambas as áreas, que envolve práticas investigativas.

As rotinas se estabelecem mediante práticas pedagógicas, que podem envolver atividades de pesquisa, participando dos campos científico e intelectual. As ciências que estudam a sociedade, aplicadas ao campo da Comunicação, embasam o debate nas áreas de Relações Públicas e de Comunicação Organizacional. Os saberes possibilitam traçar caminhos nos diversos espaços sociais. As relações com as culturas do cotidiano, as concepções de Comunicação e os elementos de diversos estudos disciplinares podem multiplicar os saberes.

Partindo da ideia de que "tudo é cultura e tudo é comunicação" (FERIN, 2002, p. 10), em uma sociedade global, a multiplicidade das relações permite pensar em uma comunicação global e uma cultura global. "O conceito de Comunicação é hoje uma noção alargada à reflexão em várias disciplinas, envolvendo simultaneamente diferentes domínios especializados, metodologias e técnicas disponíveis" (FERIN, 2002, p. 21). Tanto o conceito de comunicação como o de cultura têm como referência as ciências sociais e humanas, sendo os dois campos interdependentes, hierarquizados, estruturantes. As práticas cotidianas são identificadas com as práticas pedagógicas, possibilitando a diversificação de formas de cultura.

Grupos de pesquisa existentes no CNPq

A busca realizada no portal do CNPq revelou grupos de pesquisa que abordam temáticas referentes aos estudos de Relações Públicas e de Comunicação Organizacional, inseridos na área de Comunicação Social, a qual está vinculada às Ciências Sociais Aplicadas. Os resultados foram obtidos com a pesquisa das palavras "relações públicas" e "comunicação organizacional" de forma separada, além de uma busca cruzada com ambos os termos. Ocorreu a identificação de quarenta grupos, mediante os critérios adotados para a busca. Posteriormente, foi elaborado um banco de dados com os referidos grupos de pesquisa, contendo sua denominação, a instituição de ensino superior participante, o líder indicado, as palavras-chave e as linhas de pesquisa trabalhadas. As informações resultantes estão representadas na tabela a seguir.

Tabela 9.1 – Estudos desenvolvidos em Relações Públicas e Comunicação Organizacional

Estudos desenvolvidos	Grupos de pesquisa		Linhas de pesquisa	
	VA*	V%**	VA	V%
Relações Públicas e Comunicação Organizacional	10	25	33	30,6
Comunicação Organizacional	22	55	54	50
Relações Públicas	8	20	21	19,4
Total	**40**	**100**	**108**	**100**

*VA = Valor Absoluto
**V% = Valor Relativo (ou percentual)

Fonte: Elaborada pelos autores.

Dos quarenta grupos de pesquisa selecionados, 55% referem-se somente aos estudos de Comunicação Organizacional; 25% apresentam investigações em Relações Públicas e Comunicação Organizacional de forma cruzada; e 20% contemplam apenas os estudos de Relações Públicas. Cada um dos grupos está associado a uma ou mais linhas de pesquisa, totalizando 108 indicações. Com percentuais semelhantes aos dos grupos, as 108 linhas de pesquisa estão distribuídas na mesma ordem, normalmente com duas ou três linhas de pesquisa por grupo selecionado.

Ao acessar o link de cada grupo de pesquisa, foi possível observar as palavras-chave registradas para o trabalho desenvolvido nas respectivas linhas de pesquisa que estão indicadas no documento virtual. Com base no levantamento das referidas palavras-chave, foram elaborados os três quadros a seguir, conforme estudos desenvolvidos em Relações Públicas e Comunicação Organizacional. Muitas temáticas emergiram do levantamento realizado, sendo adotada uma categorização para o agrupamento das palavras-chave, utilizando o procedimento metodológico característico da técnica de análise de conteúdo. A temática "cultura" foi destacada como categoria. Nos três quadros a seguir, segmentados pelos estudos realizados: (1) somente em Comunicação Organizacional; (2) em Relações Públicas e Comunicação Organizacional, de forma cruzada; e (3) apenas em Relações Públicas – as categorias com maior incidência,[3] estão representadas juntamente com as palavras-chave que as originaram. As categorias se apresentam em ordem decrescente, de acordo com o número de indicações levantadas no portal do CNPq.

Quadro 9.1 – Comunicação Organizacional
(22 grupos/54 linhas de pesquisa)

Indicações	Categorias e palavras-chave
I	Comunicação
II	Mídia (midiatização; mídias primária, secundária e terciária; mídias organizacionais; indústria de mídia, meios de comunicação; multimídia; mídia e sincronização social; e mídia e sistemas simbólicos)
III	Comunicação Organizacional (comunicação das organizações; comunicação e organizações; e ROI em comunicação organizacional)

continua...

---

[3] Há outras temáticas com menos indicações, que não foram consideradas no presente texto.

continuação

Indicações	Categorias e palavras-chave
IV	Cultura (cultura organizacional; cultura e processo de gestão; e comunicação e cultura)
	Novas tecnologias (tecnologias da informação e da comunicação (TICs); tecnologia; mídias digitais; mídia e tecnologia; comunicação digital; e internet)

Fonte: Elaborado pelos autores.

Quadro 9.2 – Relações Públicas e Comunicação Organizacional
(10 grupos/33 linhas de pesquisa)

Indicações	Categorias e palavras-chave
I	Relações públicas
II	Organizações (organização)
III	Estratégia (estratégias comunicacionais e estratégias de comunicação)
IV	Comunicação organizacional
	Comunicação
V	Cultura (cultura organizacional; cultura das organizações; e comunicação e cultura)
	Gestão
	Identidade (comunicação e identidade)
	Imagem (imagem institucional e análise da imagem)

Fonte: Elaborado pelos autores.

Quadro 9.3 – Relações Públicas (8 grupos/21 linhas de pesquisa)

Indicações	Categorias e palavras-chave
I	Esporte (marketing esportivo; propaganda no esporte; publicidade no esporte; relações públicas e área esportiva; história do esporte; sociologia do esporte; e esporte e cultura urbana)
II	Relações públicas
III	História (histórico; memória de empresa; memória coletiva; e patrimônio)

continua...

continuação

Indicações	Categorias e palavras-chave
IV	Novas tecnologias (tecnologia; WebRP; e mundos virtuais)
	Comunicação (estratégias de comunicação)
V	Cultura (cultura colaborativa; culturas midiáticas; e democratização da cultura)
	Jornalismo (imprensa esportiva; crônica esportiva; e fotojornalismo esportivo)
	Mídia (midiatização e meios de comunicação)
	Opinião pública
	Pesquisa (pesquisas de opinião e pesquisa eleitoral)
	Narrativa (narrativa e análise discursiva)

Fonte: Elaborado pelos autores.

Entre as temáticas com mais indicações, Comunicação está registrada nas três situações apresentadas. Mídia e Novas tecnologias aparecem nos quadros de Comunicação Organizacional e de Relações Públicas. Cultura está registrada nos três quadros, em quarta e quinta posições, acompanhada pelas categorias: Novas tecnologias, Gestão, Identidade, Imagem, Jornalismo, Mídia, Opinião pública, Pesquisa, Narrativa. As palavras-chave, registradas nos três quadros anteriores, revelam as temáticas de maior interesse dos pesquisadores identificados com os campos de Comunicação Organizacional e de Relações Públicas.

São campos científicos com hábitos institucionais, cujo capital científico é produzido em um espaço social estruturado que possibilita uma incorporação de saberes pela pesquisa fomentada, exercitada e divulgada para a sociedade. As ações e reações decorrem de relações constantes marcadas por forças que contribuem para a definição de estratégias acadêmicas, voltadas para o próprio campo ou para outras áreas de interesse. As práticas são observadas na produção originada, que requer atividades de investigação com aportes nas Ciências Sociais Aplicadas ao campo da Comunicação. O debate sobre relações públicas e comunicação organizacional está vinculado às relações com as culturas do cotidiano e suas concepções – funcional, interpretativa, crítica e pós-moderna (MARCHIORI, 2009).

Retomando a questão de que "tudo é cultura e tudo é comunicação" (FERIN, 2002, p. 10), o conceito de multiplicidade está presente nas relações que possibilitam uma diversificação das práticas ocorridas nos dois campos considerados interdependentes e estruturantes. A interdependência entre comunicação e cultura manifesta-se nas questões relacionadas com as delimitações temáticas dos grupos de pesquisa, com as estratégias metodológicas elaboradas para as investigações e com os pressupostos teóricos multidisciplinares adotados para as interpretações. A evolução da pesquisa propicia maior conhecimento e formação ao indivíduo, diversificando os meios de apropriação e as práticas de comunicação e cultura.

Ao longo do tempo, as experiências adquiridas nos processos investigativos possibilitam a criação de condições adequadas a sua manutenção. As práticas regulares e as relações constantes favorecem a produção de hábitos que resultam de ações organizadoras, encadeadas para garantir a interiorização das estruturas existentes nos membros dos grupos em questão. Há, portanto, uma ação estruturante identificada em seus aspectos "como princípios geradores e organizadores de práticas e de representações que podem ser objetivamente adaptadas ao seu objetivo" (BOURDIEU, 2009, p. 87). Comunicação e cultura estão alicerçadas em ações estratégicas produzidas e ajustadas para processos futuros possíveis com base nas práticas do passado.

Os grupos de pesquisa que contemplam a categoria Cultura apresentam uma multiplicidade de enfoques e uma diversidade temática, sendo abordados a seguir.

Multiplicidade de enfoques da pesquisa em comunicação e cultura

Primeiramente, foram selecionados os grupos que apresentam o termo "cultura" nas palavras-chave em, no mínimo, uma de suas linhas de pesquisa. A análise envolveu, então, a classificação dos grupos identificados em dois enfoques gerais: (1) os que investigam a cultura e sua relação com a comunicação em um contexto mais amplo – o da sociedade; e (2) os que pesquisam a cultura e a comunicação no contexto das organizações, como apresentado na Tabela 9.2 a seguir.

Tabela 9.2 – Enfoques gerais dos grupos de pesquisa com a cultura em suas palavras-chave

Grupos de pesquisa	Número de linhas de pesquisa do grupo	Número de linhas com o termo "cultura" nas palavras--chave	Identificação das linhas de pesquisa com o termo "cultura" nas palavras-chave	Enfoques gerais
Comunicação Institucional e Organizacional - Universidade Federal de Santa Maria (UFSM)	5	1	Comunicação e cultura organizacional	Cultura das organizações
Grupo Interdisciplinar de Pesquisa em Opinião Pública - Universidade Estadual de Londrina (UEL)	3	1	Comunicação e informação organizacionais	Cultura das organizações
Núcleo de Estudos Avançados em Comunicação Empresarial (Nave) - Universidade Salvador (Unifacs)	3	1	Estudos avançados em semiótica e cultura	Cultura das organizações
Redes de Comunicação - Universidade do Vale do Itajaí (Univali)	9	1	Cultura organizacional, identidade, imagem e reputação	Cultura das organizações
Complexidade e Comunicação - Universidade Federal de Goiás (UFG)	1	1	Cultura das organizações, gestão e planejamento	Cultura das organizações
Comunicação e Cultura Organizacional - UEL	2	1	Cultura organizacional e comunicação	Cultura das organizações
Comunicação Empresarial no Brasil: uma leitura crítica - Universidade Metodista de São Paulo (Umesp)	1	1	Comunicação empresarial e realidade brasileira	Cultura das organizações

continua...

continuação

Grupos de pesquisa	Número de linhas de pesquisa do grupo	Número de linhas com o termo "cultura" nas palavras-chave	Identificação das linhas de pesquisa com o termo "cultura" nas palavras-chave	Enfoques gerais
Comunicação, Cultura, Gestão e Sociedade – Faculdade de Tecnologia e Ciências (FTC)	6	4	Comunicação, cultura científica e internet	Cultura da sociedade
			Cultura e desenvolvimento	Cultura da sociedade
			Cultura, juventude e representação identitária nas comunidades virtuais	Cultura da sociedade
			Laboratórios e mecanismos de gestão organizacional e ambiental	Cultura das organizações
Comunicação: Educação, Cultura e Sociedade – UNG	5	3	Comunicação, memória e história	Cultura da sociedade
			Perfil da cidade de Guarulhos	Cultura da sociedade
			Perfil da cultura organizacional	Cultura das organizações
Centro Interdisciplinar de Semiótica da Cultura e da Mídia – Pontifícia Universidade Católica de São Paulo (PUC-SP)	3	1	Comunicação e cultura	Cultura da sociedade
Mídia e Processos Socioculturais – Centro Universitário Franciscano (Unifra)	2	1	Tecnologias, cultura e estratégias comunicacionais	Cultura da sociedade
Sociedade Mediatizada: processos, tecnologia e linguagem – PUC Campinas	1	1	Comunicação e tecnologia digital, com ênfase regional	Cultura da sociedade
Fórum Permanente de Cultura Digital – Universidade Federal do Rio de Janeiro (UFRJ)	5	1	Cultura colaborativa	Cultura da sociedade

continua...

continuação

Grupos de pesquisa	Número de linhas de pesquisa do grupo	Número de linhas com o termo "cultura" nas palavras-chave	Identificação das linhas de pesquisa com o termo "cultura" nas palavras-chave	Enfoques gerais
Grupo de Estudos em Comunicação Esportiva e Futebol (Gecef) - Universidade Estadual Paulista (Unesp)	3	1	Antropologia, história e sociologia do esporte	Cultura da sociedade
Grupo de Estudos e Pesquisas em Comunicação Social (Gepecs) - Universidade Federal do Amazonas (Ufam)	6	2	Comunicação e culturas midiáticas	Cultura da sociedade
			Jornalismo cultural, memória coletiva e educação patrimonial	Cultura da sociedade

Fonte: Elaborada pelos autores.

Há 15 grupos e 21 linhas de pesquisa que incluem "cultura" em suas palavras-chave. Três grupos apresentam mais de uma linha em que o termo é citado. Doze linhas de pesquisa enfocam o estudo da cultura no contexto da sociedade e nove apresentam o contexto das organizações. Os grupos Comunicação, Cultura, Gestão e Sociedade (FTC) e Comunicação: Educação, Cultura e Sociedade (UNG) têm linhas de pesquisa que podem ser vinculadas a ambos os enfoques gerais: cultura da sociedade e cultura das organizações. O grupo Centro Interdisciplinar de Semiótica da Cultura e da Mídia (PUC-SP) contém a linha de pesquisa Comunicação e cultura, que abriga trabalhos relacionados com os dois enfoques gerais. No entanto, predomina nesse grupo um direcionamento para os estudos voltados para a cultura da sociedade.

Após essa classificação inicial, foram caracterizados os enfoques específicos das linhas de pesquisa que apresentam referência ao termo "cultura". Para análise dos enfoques específicos, as ideias centrais e o direcionamento da investigação, registrados nos textos relativos às repercussões do grupo e aos objetivos das linhas de pesquisa, possibilitaram uma categorização. Não houve a utilização de uma classificação prévia, pois a finalidade era demonstrar a riqueza das diferentes perspectivas da pesquisa em torno da cultura e da comunicação nos grupos analisados.

Cultura e comunicação no contexto das organizações

Entre os grupos que estudam a cultura no contexto das organizações foram identificados dois enfoques específicos. O primeiro privilegia a investigação da cultura e suas relações com a gestão organizacional, concentrando-se em suas práticas. O segundo reúne as pesquisas direcionadas à interpretação de significados, às leituras críticas e à compreensão da complexidade do fenômeno da comunicação organizacional associado ao estudo da cultura.

A compreensão das interfaces entre a cultura, a gestão organizacional e a comunicação referem-se ao direcionamento dos grupos associados ao primeiro enfoque específico. São eles: Comunicação Institucional e Organizacional (UFSM), com a linha de pesquisa Comunicação e cultura organizacional; Grupo Interdisciplinar de Pesquisa em Opinião Pública (UEL), com a linha de pesquisa Comunicação e informação organizacionais; Comunicação, Cultura, Gestão e Sociedade (FTC), com a linha de pesquisa Laboratórios e mecanismos de gestão organizacional e ambiental; Comunicação e Cultura Organizacional (UEL), com a linha de pesquisa Cultura organizacional e comunicação; Comunicação: Educação, Cultura e Sociedade (UNG), com a linha de pesquisa Perfil da cultura organizacional; e Comunicação Empresarial no Brasil: uma leitura crítica (Umesp), com a linha de pesquisa Comunicação empresarial e realidade brasileira.

Os grupos mencionados parecem direcionar suas pesquisas para as práticas, reveladas nos trechos a seguir, os quais foram extraídos dos objetivos das linhas de pesquisa: "investigar a gestão da comunicação nas organizações, com ênfase na cultura organizacional" (grupo Comunicação Institucional e Organizacional); "desenvolvimento e aperfeiçoamento de mecanismos e técnicas de suporte à tomada de decisão em organizações" (grupo Comunicação, Cultura, Gestão e Sociedade); "[...] identifica e avalia as melhores práticas de comunicação com empregados, identificando como a cultura organizacional e a comunicação fundamentam o processo de construção de identidade das organizações" (grupo Comunicação e Cultura Organizacional).

A linha de pesquisa Perfil da cultura organizacional (grupo Comunicação: Educação, Cultura e Sociedade) e a linha de pesquisa Comunicação e informação organizacionais (Grupo Interdisciplinar de Pesquisa em Opinião Pública) direcionam suas investigações para questões que envolvem a descrição do perfil da cultura organizacional de empresas localizadas em um município específico e para a relação da cultura organizacional com a opinião pública e com a comunicação comunitária.

Ainda analisando os grupos ligados à pesquisa da cultura no contexto das organizações, foram identificados as ideias centrais e os direcionamentos indicativos de um enfoque que privilegia a concepção simbólica acerca da cultura. Esse enfoque foi observado nos seguintes grupos: Núcleo de Estudos Avançados em Comunicação Empresarial (Unifacs), linha de pesquisa Estudos avançados em semiótica e cultura; Redes de Comunicação (Univali), linha de pesquisa Cultura organizacional, identidade, imagem e reputação; e Complexidade e Comunicação (UFG), linha de pesquisa Cultura da organização, gestão e planejamento.

O direcionamento da pesquisa nesses grupos fica caracterizado com base em trechos dos objetivos das linhas de pesquisa: "mostrar a rede de significados explícitos ou não na cultura organizacional" (grupo Redes de Comunicação); "[...] visando à compreensão de um universo cada vez mais complexo de comunicação das organizações" (grupo Complexidade e Comunicação).

Cultura e comunicação no contexto da sociedade

Com base na análise dos grupos que desenvolvem um estudo da cultura e da comunicação no contexto da sociedade, foi possível especificar quatro enfoques: (1) identidade, sociabilidade e relações socioculturais; (2) tecnologia; (3) sociedade e desenvolvimento; e (4) memória.

O primeiro enfoque específico reúne os grupos que direcionam suas pesquisas para a investigação de aspectos simbólicos da cultura e sua relação com a comunicação e a sociedade, em questões que abordam a identidade, sociabilidade e relações socioculturais no cotidiano. A esse enfoque foram associados os seguintes trabalhos: grupo Centro Interdisciplinar de Semiótica da Cultura e da Mídia (PUC-SP), linha de pesquisa Comunicação e cultura; e Grupo de Estudos e Pesquisas em Comunicação Social (Ufam), linha de pesquisa Comunicação e culturas midiáticas.

Os trechos a seguir são exemplos de conteúdos dos objetivos das linhas, que foram utilizados para associar os grupos ao primeiro enfoque:

> Estudo das formas culturais – simbólicas – de superação da realidade bio-social por meio dos mecanismos da cultura, [...]. A comunicação

como sistema de vínculos; os vínculos como construção da sociabilidade. [...] (grupo Centro Interdisciplinar de Semiótica da Cultura e da Mídia).

[...] Sua abrangência de estudo busca o exame de uma interface teórica entre os domínios da comunicação e da sociologia do cotidiano, da fenomenologia, da antropologia, procurando compreender as realidades midiáticas objetivadas nas relações socioculturais no cotidiano (Grupo de Estudos e Pesquisas em Comunicação Social).

Os grupos com linhas de pesquisa voltadas para as questões que envolvem a relação entre cultura, comunicação e tecnologia da informação foram reunidos no segundo enfoque específico, que abrange todos os estudos que tratam de internet, sociedade da informação, novas tecnologias e cibercultura. Os grupos associados a esse enfoque específico foram: Comunicação, Cultura, Gestão e Sociedade (FTC), linhas de pesquisa Comunicação, cultura científica e internet, e Cultura, juventude e representação identitária nas comunidades virtuais; Mídias e Processos Socioculturais (Unifra), linha de pesquisa Tecnologias, cultura e estratégias comunicacionais; Sociedade Mediatizada: processos, tecnologia e linguagem (PUC Campinas), linha de pesquisa Comunicação e tecnologia digital, com ênfase regional; e Fórum Permanente de Cultura Digital (UFRJ), linha de pesquisa Cultura colaborativa.

Destaca-se que as linhas de pesquisa Cultura, juventude e representação identitária nas comunidades virtuais e Tecnologias, cultura e estratégias comunicacionais também apresentam direcionamentos que podem ser associados ao primeiro enfoque específico, pois as mesmas tratam de questões relacionadas com representações identitárias, formação de sujeitos e repercussões sobre a prática social.

O terceiro enfoque específico reúne os trabalhos dos grupos que pesquisam a relação entre cultura, comunicação, sociedade e desenvolvimento. Os grupos associados e suas respectivas linhas de pesquisa são: Comunicação, Cultura, Gestão e Sociedade (FTC), linha de pesquisa Cultura e desenvolvimento; e Comunicação: Educação, Cultura e Sociedade (UNG), linha de pesquisa Perfil da cidade de Guarulhos.

O direcionamento da pesquisa nestes grupos pode ser caracterizado a partir de trechos como: "Estimula estudos voltados à compreensão das complexas relações entre cultura, sociedade e desenvolvimento; [...]" (grupo Comunicação, Cultura, Gestão e Sociedade) e "Analisar a cidade de Guarulhos em seus aspectos econômicos, políticos e culturais, [...]" (grupo Comunicação: Educação, Cultura e Sociedade).

O último enfoque específico foi identificado com base nos grupos com pesquisas relacionadas com a comunicação como forma de construção da memória e da história. São eles: Comunicação: Educação, Cultura e Sociedade, linha de pesquisa Comunicação, memória e história; Grupo de Estudos em Comunicação Esportiva e Futebol (Unesp), linha de pesquisa Antropologia, história e sociologia do esporte; e Grupo de Estudos e Pesquisas em Comunicação Social (Ufam), linha de pesquisa Jornalismo cultural, memória coletiva e educação patrimonial.

Considerações finais

Os grupos de pesquisa registrados no CNPq foram mapeados nas áreas de Relações Públicas e de Comunicação Organizacional, totalizando quarenta unidades existentes em 2011. As temáticas levantadas nas 108 linhas de pesquisa em instituições de ensino superior foram organizadas para o desenvolvimento do presente trabalho e de futuras análises.

Diferentes enfoques da pesquisa em comunicação relacionada com cultura foram observados, refletindo a multiplicidade de concepções. Conforme Marchiori (2008, p. 74): "o significado do conceito depende de cada enfoque que se persegue". Essa multiplicidade parece reforçar também a perspectiva de França (2010, p. 31), que considera a cultura "matéria viva, edificada, modificada e atuante no bojo das nossas relações, experiências, investimentos de construção do mundo".

Entre os grupos analisados, 15 têm linhas de pesquisa que incluem a cultura entre suas palavras-chave. Ao todo, são 21 linhas de pesquisa direcionadas à cultura, divididas em nove linhas que estudam a cultura no contexto das organizações e 12 que abordam a cultura no contexto da sociedade. Das nove linhas que estudam a cultura no contexto das organizações, seis foram associadas a um enfoque específico voltado às práticas, direcionado à investigação da gestão da comunicação, das informações e processos organizacionais, da aprendizagem organizacional e da comunicação empresarial. O segundo enfoque específico reuniu três linhas de pesquisa, com estudos embasados em uma perspectiva simbólica e concentrados na interpretação de significados, nas leituras críticas e na compreensão da complexidade da cultura e da comunicação.

Das 12 linhas de pesquisa que investigam a cultura no contexto da sociedade, o enfoque específico predominante, que reúne cinco linhas, é o da tecnologia, envolvendo trabalhos voltados à investigação das relações entre a cultura, a sociedade da informação, a internet e as novas tecnologias. A concepção da cultura como memória e história é o enfoque específico de três linhas de pesquisa. Nos demais enfoques, um deles relacionado com a investigação das formas simbólicas e das relações socioculturais, e o outro com a cultura, sociedade e desenvolvimento, estão reunidas, em cada um, duas linhas de pesquisa.

Por fim, merece registro o fato de os grupos de pesquisa analisados integrarem instituições de ensino superior com cursos de graduação e de pós-graduação na área. Esse diferencial possibilita práticas investigativas para uma formação acadêmica com diversas concepções de comunicação e de relações públicas, que podem multiplicar os saberes. Lopes destaca que a reflexão teórica sobre o "fazer" comunicação se baseia em dois eixos: (1) a conexão entre teoria, pesquisa e ensino – identificada com a relação entre graduação e pós-graduação na medida em que a pesquisa acadêmica pode articular os conteúdos das disciplinas, teorizando as práticas profissionais; e (2) a conexão entre teoria, pesquisa e produção – que "envolve a relação entre pesquisa e produção nas escolas de Comunicação e como ela pode se refletir numa renovação das profissões de Comunicação" (2003, p. 289, grifo da autora).

Relações públicas e comunicação organizacional fazem parte das práticas acadêmicas desenvolvidas para uma atuação na sociedade e nas organizações. Por conseguinte, a produção originada dos grupos de pesquisa do CNPq pode fomentar novas práticas investigativas que refletem sobre uma articulação dos saberes.

Referências

BOURDIEU, P. *Lições de aula*. 2. ed. São Paulo: Ática, 1994.

_____. *Sobre a televisão*. Rio de Janeiro: Jorge Zahar, 1997.

_____. *O senso prático*. Petrópolis: Vozes, 2009.

FERIN, I. *Comunicação e culturas do quotidiano*. Lisboa: Quimera, 2002.

FRANÇA, V. Comunicação e cultura: relações reflexivas em segundo grau. In: MARCHIORI, M. (org.). *Faces da cultura e da comunicação organizacional*. v. 2. São Caetano do Sul: Difusão, 2010. p. 23-35.

LOPES, M. I. V. A Pesquisa e o Ensino nas Escolas de Comunicação. In: PERUZZO, C. M. K.; SILVA, R. B. (orgs.). *Retrato do ensino em Comunicação no Brasil*: análises e tendências. São Paulo: Intercom, Taubaté: Unitau, 2003.

MARCHIORI, M. *Cultura e comunicação organizacional*: um olhar estratégico sobre a organização. 2. ed. São Caetano do Sul: Difusão, 2008.

_____. ¿Por qué hoy en día precisamos cultura organizacional? Una perspectiva de comunicación única en el área posmoderna. *Diálogos de la Comunicación,* n. 78, p. 2-19, jan./jul. 2009.

MOURA, C. P. O profissional cultivado para os campos de relações públicas e comunicação organizacional. In: *Organicom. Revista Brasileira de Comunicação Organizacional e Relações Públicas.* São Paulo: ECA/USP, v. 10/11, p. 95-101, 2009.

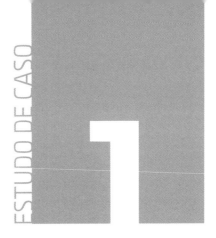

ESTUDO DE CASO

COMUNICAÇÃO INTERNA NA VALE: O DESAFIO EM UM CONTEXTO INTERNACIONAL

Paulo Henrique Leal Soares
Mirka Schreck

Nas últimas décadas, presenciamos um crescimento constante de empresas atuando em diversos países. Produtos e serviços são deslocados além de suas fronteiras de origem em um crescimento de volume e valores nunca antes observados. Hoje o processo de internacionalização das empresas é cada vez mais comum, porém sua complexidade aumenta a toda nova experiência. Os desafios das diferenças culturais dos países, de idiomas distintos, necessidades e, em especial, de expectativas são enfrentados pelos profissionais que conduzem essas expansões. Estamos lidando com um público mais e mais conectado, interligado, exigente e, também, questionador. As experiências no âmbito do país de origem de uma organização passam a ser influenciadas por um fator cultural. A cultura de uma nação impactará a assertividade das práticas comunicacionais.

O processo de internacionalização das organizações que antes estava destinado apenas às empresas de origem de países desenvolvidos está acontecendo, também, com organizações de países em desenvolvimento, como China, Rússia, Índia, México, África do Sul e Brasil. Podemos observar, nos últimos anos, que várias empresas brasileiras estão passando por um processo de internacionalização, a destacar: Gerdau (siderurgia), JBS (alimentos), Braskem (petroquímica) e, ainda, a Vale (mineração).

Cultura nacional e organizacional

A cultura nacional e organizacional tem influenciado diretamente o desempenho das organizações, em especial as que enfrentam mudanças estratégicas, de liderança, crescimento, fusões e aquisições. Em um processo de internacionalização, a diferença cultural deve ser observada, na medida em que impactará o crescimento da organização em um território além de suas fronteiras de origem. "Cultura nacional, portanto, é o conjunto de valores, premissas e sentimentos adquiridos desde a infância pela população, nas fronteiras da nação, e serve de base para que essa população se organize, estabeleça regras e para que os indivíduos interajam" (TANURE; DUARTE, 2006, p. 195). Ainda segundo esses autores, Hofstede:

> [...] define cultura como uma programação mental coletiva que diferencia determinado grupo de outros. Segundo o autor, cultura é aprendida, e não herdada, ou seja, constitui um processo de aprendizagem desde o início da vida do indivíduo. A cultura está implícita na maneira de agir e de pensar, no juízo do que é considerado certo ou errado, bom ou mau, bem como na compreensão do que motiva as atitudes das outras pessoas (TANURE; DUARTE, op. cit., p. 194-195).

Hofstede identificou em seus estudos cinco dimensões que diferenciarão as culturas nacionais. A primeira é a distância hierárquica ou distância do poder, ou seja, o quanto as pessoas identificam que o poder e o status estão distribuídos de forma desigual, e, também, seu nível de aceitação da situação. A segunda é a necessidade de controle de incerteza ou o quanto os integrantes de determinada cultura se sentem ameaçados por questões desconhecidas, o verdadeiro receio ou não do desconhecido. A terceira dimensão dos estudos de Hofstede é o individualismo/coletivismo, ou seja, como os indivíduos de dado grupo se relacionam entre si e como são os laços dessas ligações. A quarta dimensão diz respeito à masculinidade/feminilidade, referentes às diferenças existentes, dentro da cultura, dos papéis do homem e da mulher. Nas sociedades tipicamente masculinas, será encontrado um índice maior de competitividade e agressividade, características naturalmente ligadas aos homens. Nas culturas mais femininas, não há tanta diferença no papel desempenhado pelo homem ou pela mulher. A orientação de longo prazo *versus* orientações de curto prazo é a última dimensão dos estudos de Hofstede, em que ele identifica as relações dos grupos com o passado, o presente e o futuro (TANURE; DUARTE, 2006; HOFSTEDE, 1991).

Outra corrente nos estudos da cultura apresenta dimensões diferentes, como o defendido por Trompenaars (1994). Esse autor define cinco dimensões de como nos relacionamos com outras pessoas. Universalismo *versus* particularismo (regras *versus* relacionamentos); coletivismo *versus* individualismo (o grupo *versus* o indivíduo); neutro *versus* emocional (a variedade de sentimentos expressos); difuso; específico (a variedade de envolvimentos); conquista; atribuição (como se confere status). Esse modelo também é aplicado aos estudos das culturas nacionais e seus impactos nas organizações.

Segundo Tanure e Duarte, a cultura organizacional das empresas com atividades internacionais influencia como essa se comportará e gerenciará seus processos, estando sensíveis aos fatores culturais. "Como nas negociações internacionais é intenso o processo de interação entre pessoas e culturas nacionais e organizacionais distintas, as diferenças culturais podem ser particularmente relevantes para o resultado do processo." (TANURE; DUARTE, 2006, p. 208). Por sua vez, para Schein, cultura organizacional é:

> [...] o conjunto de pressupostos básicos que um determinado grupo inventou, descobriu ou desenvolveu ao aprender a lidar com os problemas de adaptação externa e de integração interna, e que funcionou bem o bastante para serem considerados válidos e ensinados aos novos membros com a forma correta de perceber, pensar e sentir em relação a esses problemas (SCHEIN, 2009).

Cultura e liderança estão diretamente ligadas, como dois lados da mesma moeda, não sendo possível compreendê-las se não em conjunto e interação (SCHEIN, 2009). Tanto a cultura nacional com a cultura da organização serão fatores importantes e determinantes no processo de comunicação com o público interno. No momento de expansão dos negócios e a presença em territórios até então desconhecidos, os profissionais de comunicação terão que destacar esses dois fatores como influenciadores no processo de relacionamento entre as organizações e seus públicos internos.

A maior barreira perante a mudança encontrada nas organizações são os aspectos culturais. Gestores expatriados são, geralmente, produtos de suas culturas empresariais e nacionais; a escolha correta dos executivos para realizar as mudanças necessárias e a administração adequada em empresas multinacionais é um fator de sucesso para as organizações operando em diversos países (GHOSHAL; BARTLETT, 1998).

Para Marchiori (2008, p. 77): "[...] culturas são dificilmente planejadas ou presumíveis; elas são produtos naturais da interação social." A cultura influencia e é influenciada pela sociedade em um movimento contínuo e constante.

Contexto da Vale

Criada em 1942, no Brasil, a Vale é hoje uma das maiores mineradoras do mundo. Em um curto espaço de tempo, a empresa deixou de ser apenas uma grande exportadora de matérias-primas, passando a atuar nas áreas de mineração, siderurgia, logística e energia, e expandindo seus escritórios, operações e projetos além das fronteiras brasileiras. Presente nos cinco continentes, em 37 países, conta com uma força de trabalho de mais de 195 mil empregados,[1] entre mão de obra própria e terceirizada.

O crescimento no Brasil e o processo de internacionalização, nos últimos anos, criaram desafios a serem enfrentados pela equipe de comunicação da Vale. Estar presente em países de culturas diversas como Canadá, Chile, Peru, Paraguai, Moçambique, Omã, Indonésia, Austrália e China impõe aos profissionais da área uma necessidade de conhecimento das realidades locais, bem como enfrentar a adversidade geográfica, transformando-a em um potencial para os projetos de comunicação interna. Não é possível para um profissional de comunicação, mesmo com ampla experiência internacional, conhecer todas as características e peculiaridades da localidade. Por esse motivo, a Vale opta pela contratação de profissionais locais, sendo necessário o treinamento e a capacitação nas diretrizes corporativas e nas características da empresa. A expatriação de profissionais de Comunicação apenas é realizada quando há necessidade de troca de experiências, para o profissional e, em especial, para a equipe de que ele fará parte em outro país.

A diversidade cultural está diretamente ligada à diversidade da cultura organizacional da empresa. São histórias e contextos distintos dos países. No entanto, a diversidade também pode acontecer em um único país, como é o caso do Brasil, no qual a Vale está presente em 14 estados, e de Moçambique, com diferenças culturais e linguísticas em várias regiões. A internacionalização das atividades da Vale é fruto do crescimento de suas operações e de projetos próprios, além de aquisições, em especial no exte-

---

[1] Dados de dezembro de 2012.

rior. É vital a busca por uma proximidade maior na construção de projetos de comunicação interna que consigam enfrentar os desafios impostos, a saber: uma variedade de públicos internos, diferentes culturas e experiências organizacionais. Todas essas características integram o contexto vivenciado pela equipe de Comunicação Interna da Vale, que, nos últimos anos, desenvolveu um planejamento global para enfrentar esses desafios.

Até 2001, o processo de Comunicação Interna da Vale era totalmente descentralizado, sem orientações corporativas e com foco nas demandas pontuais para soluções de problemas. Após uma reestruturação da Comunicação Corporativa da Vale em 2002, a equipe de Comunicação Interna conseguiu implantar uma orientação para os processos, de forma centralizada e estruturada. O projeto, denominado Somos Vale, criou seis veículos corporativos, além de diretrizes para as campanhas internas. Em um diagnóstico realizado para a implantação do projeto, foram identificados quarenta veículos internos, sendo sete jornais, e mais um volume de campanhas internas que ultrapassava, aproximadamente, dez campanhas internas por mês, entre ações corporativas e locais. Esse processo de centralização e ordenação foi de extrema importância para uma avaliação crítica do processo de comunicação com os empregados da Vale. O projeto Somos Vale tinha como objetivos (SOARES, 2003):

> » alinhar a comunicação interna com o planejamento estratégico da Vale e da diretoria de Comunicação;

> » priorizar a comunicação como a principal estratégia de aproximação com os empregados;

> » sistematizar os veículos de comunicação com os empregados; e

> » avaliar periodicamente a comunicação interna.

O momento de centralização era importante e possível dentro do cenário da Vale, uma empresa com pouco mais de 20 mil empregados, com operações praticamente concentradas somente no Brasil. Depois do crescimento da empresa, fomos aprendendo a lidar com essa diversidade e a nova realidade. A centralização já não era mais possível, e a falta de domínio das realidades locais impedia que os profissionais lotados no Brasil construíssem um plano corporativo. A influência das culturas dos países e regiões, além das características da cultura organizacional nas operações, direcionou-nos para um processo mais participativo, flexível e descentralizado.

Comunicação Interna da Vale

A área de Comunicação Interna da Vale define sua atuação respaldada nas diretrizes de negócio da empresa, a fim de dar suporte às estratégias previamente elencadas pela própria organização. O trabalho dos profissionais consiste em encontrar soluções de comunicação interna adequadas às necessidades de cada área da organização, levando sempre em consideração os objetivos gerais da Vale e os contextos organizacionais.

Entre as principais funções da área de Comunicação Interna Corporativa da empresa, estão: definir políticas e diretrizes, desenvolver estratégias, gerenciar situações críticas, implantar processos, apoiar a implantação de projetos e medir o retorno obtido por eles. O desafio é diário, no trabalho de orientação e alinhamento das equipes regionais, que, além de estarem em diferentes fusos, trazem diferentes expectativas e experiências no processo de comunicação com os empregados.

Esse esforço demanda planejamento e alinhamento constante entre todas as áreas de comunicação dos territórios em que a Vale está presente globalmente, com o objetivo de preservar e influenciar positivamente sua reputação e a manutenção de um ambiente favorável ao desenvolvimento e prosperidade de seus negócios no mundo.

O público interno das organizações constitui um importante formador de opinião e exerce grande impacto na disseminação de informações para os demais interlocutores. Os empregados formam opinião a respeito das organizações em que trabalham, podendo contribuir positivamente para a reputação das empresas, além de desempenharem um papel fundamental na manutenção dessas relações. Segundo Kunsch (2003, p. 159), "o público interno é um público multiplicador. Na sua família e no seu convívio profissional e social, o empregado será um porta-voz da organização, de forma positiva ou negativa". Compreender essa influência é importante para que os empregados sejam considerados um público prioritário nas estratégias de comunicação. Os empregados compartilham e utilizam símbolos para se comunicar, sendo responsáveis por criar sentido dentro das organizações nessas interfaces (HATCH; SCHULTZ, 2008). Os membros de uma organização – empregados, gestores e diretores – não devem ser analisados de forma isolada, pois se relacionam e estão conectados em redes (MONGE; CONTRACTOR, apud MONGE, 2012). Essas interações, em determinado momento, permearão os demais interlocutores externos.

A diversidade cultural (de nação e organizacional), bem como as diferentes características do público interno, é o desafio real enfrentado no processo de comunicação com os empregados da Vale. O tipo de atividade (operadores de equipamento, maquinistas, técnicos, engenheiros de mina, geólogos, pesquisadores etc.) desempenhada pelos empregados da empresa e o local de trabalho (dentro de minas, em usinas, em laboratórios, a bordo de navios e de equipamentos operacionais) acabam impactando as soluções de comunicação para estabelecer contato com esses empregados. A dificuldade de acesso a computadores é uma realidade dos profissionais que trabalham nas operações e torna ainda mais complexa a tarefa de comunicar de maneira ágil, alinhada e integrada. A dispersão geográfica (ferrovias com até 900 quilômetros de extensão) e o número de pessoas dentro de uma operação (em alguns casos, pode chegar a 8 mil empregados) também são características que impactam as estratégias de comunicação com o público interno.

A Comunicação Interna da Vale[2] é parte da gestão e do suporte de várias atividades de governança corporativa, contribuindo para a estratégia de negócio e para a integração com o público interno. Dessa forma, a Comunicação Corporativa da Vale ajuda na manutenção de um ambiente favorável ao desenvolvimento e à prosperidade dos negócios da empresa no mundo. A Comunicação Interna está alinhada às demais atividades da Diretoria de Comunicação Corporativa, exercendo sua função de forma integrada. Os processos da área de Comunicação Interna oferecem suporte estratégico para o desenvolvimento dos negócios da empresa e reforçam o posicionamento da marca para os empregados em todo o mundo e em vários ambientes de negócio. As premissas do processo de comunicação interna são:

» colaborar para a percepção de uma empresa única;

» buscar o pleno entendimento do público interno em relação ao negócio da Vale e seu posicionamento estratégico;

» contribuir para a melhoria do clima organizacional;

» colaborar para o aumento do sentimento de orgulho dos empregados que trabalham na Vale;

» incentivar ações de integração entre os empregados; e

» facilitar uma comunicação direta eficiente entre líderes e empregados.

---

[2] Informações disponíveis nas *Diretrizes Globais Corporativas de Comunicação Interna da Vale*, um guia global de comunicação interna de uso restrito para os profissionais da empresa e prestadores de serviço atuando na atividade.

Na comunicação da Vale, consideram-se público interno os líderes (supervisores, gerentes, diretores) e os empregados administrativos e operacionais da empresa. Nos temas de saúde e segurança e gestão ambiental, a comunicação interna também é direcionada para os terceirizados (prestadores de serviço de empresas contratadas).

Após avaliação completa da demanda, podem-se usar um ou mais processos da comunicação interna para atender e alcançar os objetivos estratégicos e táticos.

Os seguintes orientadores são a base de todas as ações de comunicação interna:

> os processos conduzidos pela comunicação interna devem se pautar pelas orientações estratégicas da Vale, promovendo os valores e contribuindo para a compreensão da missão e da visão da empresa;

> os empregados devem ser informados, em primeira mão ou simultaneamente aos demais públicos, sobre os acontecimentos relevantes para a empresa, sua área e carreira;

> os assuntos estratégicos , em alguns casos, devem ser antecipados à liderança para depois serem divulgados aos empregados; e

> o líder é o principal agente de comunicação, sendo esse papel uma atribuição de gestão indelegável.

O crescimento global da empresa foi, sem dúvida, um dos fatores mais críticos para o processo de comunicação interna, considerando a variedade de culturas, idiomas e experiências dos empregados em outras organizações. Para a Vale, é ainda muito difícil contabilizar o número de línguas e dialetos falados. Por isso, adotamos o inglês, o francês e o espanhol como os idiomas oficiais, permitindo que adaptações e versões sejam realizadas para atender às diferenças linguísticas. Para alguns países, é permitida a localização para a idioma local, por exemplo, o bahasa (idioma predominante na Indonésia) e o árabe, no caso de Omã. Esse processo vai ao encontro de uma das nossas premissas de atuação: promover o sentimento de pertencimento e fortalecer a percepção de uma Vale única em todo o mundo, considerando as experiências na localidade do empregado. Adotamos o conceito de uma única empresa, possibilitando que as diferenças locais estejam presentes nas ações globais de comunicação interna.

As percepções e comportamentos dos empregados são fortemente influenciados pela cultura nacional e/ou a cultura das empresas incorporadas, sendo necessário um grande esforço para o alinhamento das diretrizes e mensagens institucionais.

A Comunicação Interna define sua atuação com base no planejamento estratégico da Vale, nas diretrizes de negócio da empresa, a fim de dar suporte às macroestratégias previamente elencadas pela organização. Os empregados sempre devem ser informados, em primeira mão ou simultaneamente aos demais interlocutores, sobre os acontecimentos relevantes para a empresa, sua área de atuação e carreira, e o futuro do negócio.

Os processos que compõem a Comunicação Interna da Vale são: suporte e orientação à comunicação direta, veículos, campanhas e eventos internos.

O suporte à comunicação direta é o processo com o maior foco da equipe de Comunicação Interna, considerado um dos mais eficazes, com preferência de mais de 40% dos empregados, de acordo com pesquisas internas realizadas entre 2010 e 2011. Esse índice é similar ao de pesquisas globais apresentadas pela International Association of Business Communicators (IABC). Nesse sentido, é importante ressaltar que o líder é o principal agente de comunicação, tendo um papel indelegável e intransferível.

Internacionalização da comunicação interna

No segundo semestre de 2010, foi iniciada a reconstrução do modelo de comunicação interna vigente para atender ao contexto internacional vivenciado pela empresa. A abrangência das soluções de comunicação interna pode ser em âmbito global, nacional, regional ou local. O trabalho de reorganização da comunicação interna passou por várias etapas que contribuíram para o alinhamento do discurso globalmente e para a construção de uma identidade única da comunicação e integração das equipes ao redor do mundo. São elas:

Execução de um planejamento global de comunicação com base em pesquisas realizadas com empregados e benchmark em outras empresas do setor de mineração e internacionais

Os resultados da pesquisa realizada com os empregados foi o grande norteador do planejamento global de comunicação para cada processo, como veículos internos, suporte à comunicação direta, eventos e campanhas internos. Foram mapeados todos os projetos globais que deveriam ser executados nas unidades da Vale, levando em conta sua adequação e pertinência às características locais. Um amplo estudo de *benchmark* foi realizado nas empresas de mineração e organizações que estavam passando pelo mesmo processo de internacionalização. Foi feita uma avaliação dos resultados de pesquisas internas e planejamentos realizados nos últimos dez anos para a proposição de um plano estratégico de comunicação interna respaldado em um sólido banco de dados.

Envolvimento de toda a equipe global de comunicadores da Vale

Para uma atuação em diversos países, a ausência de conhecimento das realidades locais e diferenças culturais levou a equipe corporativa de Comunicação Interna a buscar o envolvimento de todos os integrantes da comunicação global para a construção do planejamento de comunicação interna e suas principais diretrizes. Um trabalho multicultural, com contribuições, olhares e experiências diversos possibilitou que o resultado fosse um plano global, com aderência à realidade de todos os locais em que a Vale atua. Orientações mais flexíveis, nas quais o fator local e da diversidade passam a ser o fio condutor, alteraram a forma de trabalho do grupo de Comunicação Interna.

Revisão dos processos de comunicação interna (veículos, campanhas, eventos e suporte à comunicação direta)

Os quatro processos de comunicação interna foram revisitados. Em veículos internos, delimitamos o portfólio que deveria ser usado globalmente. Alguns veículos foram mantidos e outros extintos. Além de ter flexibilidade para definir os veículos mais pertinentes às suas realidades de acordo com as novas orientações globais de comunicação interna, as equipes de comunicação locais ganharam mais autonomia na produção de conteúdos.

Antes os veículos globais eram produzidos pela área Corporativa e distribuídos aos empregados. Com a reestruturação, o Corporativo passou a produzir apenas os conteúdos institucionais e cada equipe da localidade ficou responsável pela produção de seus conteúdos locais. É importante ressaltar que estamos em constante revisão dos veículos, analisando as tendências de mercado, bem como a avaliação de nosso público interno.

Lançamento de uma comunidade on-line global de Comunicação

Para facilitar a troca de informações e promover a integração entre os profissionais de comunicação ao redor do mundo, foi criada uma plataforma on-line chamada Comunidade Global de Comunicação. A comunidade hospeda documentos estratégicos globais, como: manuais de marca, peças de campanha, templates de veículos e diretrizes de comunicação interna, divulgação do planejamento global e calendário de ações, bem como um blog para publicação de melhores práticas de comunicação. Além disso, é um espaço de troca de experiência entre os profissionais de comunicação e constante aprendizado.

Construção coletiva do guia Diretrizes Globais Corporativas de Comunicação Interna da Vale

O documento Diretrizes Globais Corporativas de Comunicação Interna da Vale normatiza ações, ferramentas e processos existentes, guiando os profissionais de comunicação em todas as localidades em que a Vale está presente. É uma ferramenta de trabalho para nos orientar na construção de um modelo único e global de comunicação. Esse documento é orientador e mais flexível que os anteriores, permitindo que as realidades locais também façam parte das diretrizes da comunicação da Vale.

Criação de uma agência de notícias global

Inspirada nas agências de notícia do mercado, foi criada uma ferramenta que passou a ser a base para os países construírem os conteúdos de seus veículos internos. Matérias corporativas são disponibilizadas, diariamente, na seção "para publicação". Cada país é responsável por traduzir essas notas em seu idioma para divulgação em seus veículos locais, fazendo adequações à realidade local, quando necessário. Além dessa seção, há outra denominada "últimas notícias", na qual os países podem publicar suas notícias locais no idioma da localidade – a ferramenta conta com um tradutor, que exibe traduções instantâneas para facilitar a compreensão dos conteúdos abordados. Desse modo, a ferramenta possibilitou uma constante troca de conteúdos, inclusive fotos, entre países, promovendo maior integração global e grande diversificação de pautas. O interessante é que uma pauta local compartilhada nesse espaço rapidamente pode se transformar em pauta global, dependendo da relevância do tema, sendo publicada em todos os veículos internos da Vale no mundo. É possível mensurar e acompanhar a produção de conteúdo por região e também contribuir para o compartilhamento de experiências entre as várias equipes de comunicação.

Compartilhamento de um calendário global de soluções de comunicação

As ações globais relacionadas aos quatro processos de comunicação são reunidas em um único documento, que é compartilhado com as equipes de comunicação, mensalmente. Por meio desse calendário de atividades, as equipes regionais podem se programar para as ações corporativas, bem como colaborar com seu planejamento.

Workshop Global de Comunicação Interna e Workshop com as Regionais Brasil

No fim de 2010, foram realizados dois encontros com as equipes de comunicação globais da Vale, com o objetivo de promover o envolvimento e a participação dos profissionais no processo de mudança e adequação da comunicação interna da Vale. Em agosto de 2011, mais uma nova edição do workshop global foi realizada. Com mais de cem participantes, o workshop teve como meta nivelar o conhecimento dos profissionais de Comunicação Interna quanto aos novos orientadores e ser um momento de compartilhamento de melhores práticas. Constantemente realizam-se trocas e compartilhamento de experiências entre as equipes. Os planos e padrões de comunicação são também revisados a cada três meses, com contribuições de todos os profissionais envolvidos no processo.

Programa intercâmbio

Nos últimos dois anos, as equipes promoveram encontros e oportunidades de trocas de experiência. Assim, profissionais da área corporativa contribuem para a construção de projetos em algum território e estes profissionais também são envolvidos em projetos globais.

Alinhamento e treinamentos da equipe

A cada novo projeto ou alteração nos procedimentos, a equipe de Comunicação Interna Corporativa passou a conduzir alinhamentos e/ou sessões de treinamentos para os pontos focais de todo o mundo. Essas reuniões acontecem com frequência e de maneira estruturada, por meio de conferências (vídeo e telefone), na maioria das vezes, ou de forma presencial, para contribuir com as trocas de experiência e conhecimento.

Resultados

As mencionadas etapas permitiram maior integração dos processos entre os países, com maior compartilhamento de informações, além de um planejamento colaborativo e já realizado em uma base global. Para medição dos primeiros resultados dessa transformação, a Vale realizou duas pesquisas globais nos anos de 2010 e 2011, cujos resultados quantitativos foram os apresentados a seguir.

> » O índice global de satisfação com a Comunicação Interna subiu de 66% para 72% ("Muito Bom" e "Bom"). No Brasil, onde está presente o maior número de empregados, o índice subiu de 72% para 78%.

> » Dos empregados, 46% afirmaram ser "Muito bem informados" e "Informados" a respeito da empresa.

> » A preferência pela comunicação direta, via liderança, cresceu de 40% para 46%.

» Em 2012, 49% dos empregados desejavam conteúdos globais e 39% preferiam conteúdos locais.

Esses dados nos fazem acreditar que o caminho escolhido para a construção da área de Comunicação Interna global de forma colaborativa, com base em premissas fundamentadas em resultados de pesquisa, com o foco no planejamento da organização, teve êxito, com resultados evidentes. Também comprovam que é possível manter uma diretriz global, levando em consideração e respeitando as realidades sociais. Abandonamos uma prática de um processo único, para diretrizes mais flexíveis, partindo do planejamento, com possibilidades de adaptações locais.

Considerações finais

Estamos prontos para dialogar com esse empregado em um contexto internacional? Será que os antigos jornais impressos ou as novas tecnologias disponíveis para o público interno conseguirão solucionar o dilema que vivemos na atualidade? Quais os contextos em que estamos inseridos? Como nossa liderança está sendo preparada para assumir seu papel de representante das organizações? Como trabalhar com um empregado que, além de ser protagonista nas organizações, passa também a ter voz nas redes sociais? Isso considerando todas essas mudanças acontecendo em um ambiente internacional, com diferenças culturais.

Oliveira e Paula apontam para uma sociedade contemporânea com um novo modo social, em que as relações de trabalho estão alteradas e a organização não é mais um ambiente estável e seguro dadas as mudanças estruturais da relação capital-trabalho:

> Um aumento no ritmo de trabalho (devido à racionalização e à automação de processos, à descentralização de algumas atividades e à concentração de outras, à extinção e à fusão de áreas e funções) e o recrudescimento das tensões e das ameaças levam os empregados a modificarem o modo de ver o seu cotidiano de trabalho e a sua formação profissional (OLIVEIRA; PAULA, 2009, p. 21).

É dentro desse cenário de complexidade e de mudança das relações entre empresa e empregados, aliado a uma complexidade de presença global, que estamos construindo a Comunicação Interna na Vale. As publicações internas, impressas ou on-line, isoladas, não são mais suficientes nesse contexto. Um foco nas relações entre liderança e liderado deve ser a nova tônica dos modelos de comunicação interna das organizações. Não se trata também de um processo de tradução para outros idiomas, mas sim uma adequação e pertinência às questões locais.

> Neste contexto, a cultura organizacional, juntamente com a marca e métodos de gestão e liderança, entre outros, passaram a ser valorizados na razão direta em que eram vistos como capazes de incentivar valores como: criatividade, inovação, ousadia etc., fornecendo as bases para um diferencial competitivo (BARBOSA, 2009, p. 35).

Para enfrentar os desafios apontados por Barbosa (2009), em que a dimensão cultura tem um impacto significativo no comportamento das organizações internacionais e também no processo de relação entre a empresa e seu público interno, optamos pela construção de estratégias de comunicação interna de forma colaborativa, abandonando o modelo centralizado e com um rígido controle. São olhares múltiplos para realidades diversas, uma construção coletiva no intuito de um projeto único. O "recrudescimento das tensões e das ameaças", apontado por Oliveira e Paula (2009), leva a equipe da Vale a fazer constantes reflexões sobre o "fazer comunicação interna", dentro de um contexto global, diverso e dinâmico.

Referências

BARBOSA, L. Cultura e empresas. In: NASSAR, P. (org.). *Comunicação empresarial estratégica*: prática no Rio de Janeiro – o pensamento global na ação local. São Paulo: Aberje, 2009. p. 33-41.

GHOSHAL, S.; BARTLETT, C. *Managing across borders*: the transnational solution. 2. ed. Londres: Random House, 1998.

HATCH, M. J.; SCHULTZ, M. *Taking brand initiative*: how companies can align strategy, culture, and identity through corporate branding. São Francisco, CA: Jossey-Bass, 2008. 266 p.

HOFSTEDE. G. *Culturas e organizações*: compreendendo a nossa programação mental. Lisboa: Sílabo, 1991.

KUNSCH, M. M. K. *Planejamento de relações públicas na comunicação integrada*. 4. ed. rev. e ampl. São Paulo: Summus, 2003.

MARCHIORI, M. *Cultura e comunicação organizacional*: um olhar estratégico sobre a organização. 2. ed. São Caetano (SP): Difusão Editora, 2008.

MONGE, P. R. A ecologia das comunidades organizacionais: sítios de redes sociais – 1996-2011. In: OLIVEIRA, I. L.; MARCHIORI, M. *Redes sociais, comunicação, organizações.* São Caetano do Sul, SP: Difusão, 2012. p. 27-47.

OLIVEIRA, I. L.; PAULA, M. A. Desafios da comunicação interna: interferências da contemporaneidade. In: ESTRELLA, C.; BENEVIDES, R.; FREITAS, R. F. (org.). *Por dentro da comunicação interna*: tendências, reflexões e ferramentas. Curitiba: Champagnat, 2009. p. 13-28.

SCHEIN, E. *Cultura organizacional e liderança*. 3. ed. São Paulo: Atlas, 2009.

SOARES, P. L. Um novo jeito de fazer comunicação interna. In: NASSAR, P. (org.) *Comunicação interna*: a força das empresas, v. 2. São Paulo: Aberje, 2005. p. 129-144.

TANURE, B.; DUARTE, R. G. *Gestão Internacional*. São Paulo: Saraiva, 2006. p. 193-220.

TROMPENAARS, F. *Nas ondas da cultura*: como entender a diversidade cultural nos negócios. São Paulo: Educator, 1994.

ESTUDO DE CASO 2

A ESTRATÉGIA DE INTERNACIONALIZAÇÃO DA COMUNICAÇÃO DA GERDAU

Renato Gasparetto

Para a empresa Gerdau, a construção de uma forte reputação está diretamente relacionada com a prática de valores centenários junto ao relacionamento com todos seus *stakeholders*: colaboradores, clientes, acionistas e comunidades. Esses valores são expressos por meio de um posicionamento de marca único que colabora para alinhar uma cultura empresarial global, a qual, entretanto, reconhece as diferentes características locais onde a empresa atua. Entretanto, o desafio de manutenção e consolidação dessa boa reputação se torna desafiador à medida que envolve diferentes países e culturas, o que implica a construção de um estruturado processo de alinhamento de políticas e indicadores na área da comunicação corporativa. A Gerdau tem presença industrial em 14 países, com mais de 45 mil colaboradores, e é líder no setor de aços longos nas Américas.

Introdução

Uma trajetória empresarial de 112 anos

O caminho que leva a qualquer conquista sempre começa da mesma maneira. O primeiro passo é sonhar. O segundo, acreditar no sonho.

Mas qual a fórmula que fez o sonho ser sonhado há tanto tempo? Ser transformado, modernizado, recriado, ajustado de acordo com a época, aptidões e interesses? A resposta está na cultura comum a todos os personagens que têm feito parte desta história: conhecimento do negócio, disciplina, qualidade, respeito, integridade, responsabilidade social, austeridade, competitividade, reconhecimento e celebração. Cada elemento desses se traduz e se propaga na forma de cultura e valores empresariais Gerdau.

Com o parágrafo acima, a Gerdau iniciou o livro *Nossa cultura nos une: lições e aprendizados de nossa história*, que fez parte das comemorações e reflexões dos 110 anos da empresa, celebrados ao longo de 2011.

A trajetória iniciou-se, em 1901, com a Fábrica de Pregos Pontas de Paris, adquirida por Johannes Heinrich Kaspar Gerdau – ou João Gerdau –, imigrante alemão que deixou o porto de Hamburgo rumo ao Rio Grande do Sul, no ano de 1869, em busca de novos empreendimentos. A gestão da fábrica foi sucedida por seu filho, Hugo Gerdau.

Figura EC 2.1 – Fábrica de pregos Ponta de Paris – origem da Gerdau, em Porto Alegre-RS, no ano de 1901

Fonte: Cedida pela Gerdau.

Curt Johannpeter

A entrada de Curt Johannpeter na família Gerdau é o marco de um novo e audacioso caminho para os negócios da empresa. Nascido, em 1899, na Alemanha, Curt Johannpeter assume, em 1946, a direção da Gerdau e comanda uma fase decisiva de expansão dos negócios. No ano seguinte, a empresa passa a constar em bolsas de valores. Dois anos após, a Gerdau adquire a Siderúrgica Riograndense, marcando sua entrada no setor do aço.

Com o passar das décadas, o crescimento da Gerdau no Brasil a habilitou a voos internacionais. Em 1980, a empresa inicia a produção de aço também no Uruguai. Nove anos depois, passa a operar no Canadá. Daí em diante, o crescimento foi exponencial. Atualmente, a Gerdau é líder no segmento de aços longos nas Américas, produto usado em obras de construção civil, indústria e agropecuária, além de ser uma das principais fornecedoras de aços longos especiais do mundo, voltados principalmente para o ramo automotivo.

Com mais de 45 mil colaboradores, a empresa tem hoje operações industriais em 14 países – nas Américas, na Europa e na Ásia –, as quais somam uma capacidade instalada superior a 25 milhões de toneladas por ano. É a maior recicladora da América Latina, e, no mundo, transforma, anualmente, milhões de toneladas de sucata em aço, reforçando seu compromisso com o desenvolvimento sustentável das regiões nas quais atua. Ultrapassando a marca de 130 mil acionistas, a Gerdau está arrolada nas bolsas de valores de São Paulo, Nova Iorque e Madri.

Hoje, o aço Gerdau faz parte do dia a dia de milhões de pessoas e está presente em residências, automóveis, rodovias, pontes, máquinas agrícolas, eletrodomésticos, torres de telefonia e de energia, entre outros.

Figura EC 2.2 – Gerdau no mundo

Fonte: Cedida pela Gerdau.

Desafio da comunicação integrada

Segundo dados da Fundação Dom Cabral apresentados em seu estudo anual Ranking das Transnacionais Brasileiras 2012, a Gerdau é hoje a segunda empresa mais internacionalizada do Brasil. A pesquisa monitora o processo de internacionalização das empresas brasileiras e ordena-as de acordo com o índice de transnacionalidade, que considera a porcentagem de ativos, receitas e funcionários no exterior.

A presença em vinte países, sendo 14 deles com produção industrial, implica desafios específicos no que diz respeito à comunicação corporativa: são, no mínimo, oito fusos horários diferentes (quando não se está em horário de verão no Brasil) e três idiomas corporativos oficiais: português, inglês e espanhol.

A busca por manter uma identidade corporativa integrada, que difunda os valores da empresa com seus *stakeholders*, foi organizada em duas frentes. A primeira foi a estruturação de um posicionamento de marca global. Com apoio da consultoria de *branding* Landor Associates (sediada em São Francisco, nos Estados Unidos) e também da agência de comunicação Ogilvy Brasil, iniciou-se um trabalho voltado à identificação dos pilares da marca Gerdau, com respaldo nos valores da empresa, a saber:

> » Ter a preferência do **CLIENTE**.

> » **SEGURANÇA** das pessoas acima de tudo.

> » **PESSOAS** respeitadas, comprometidas e realizadas.

> » **EXCELÊNCIA** com **SIMPLICIDADE**.

> » Foco em **RESULTADOS**.

> » **INTEGRIDADE** com todos os públicos.

> » **SUSTENTABILIDADE** econômica, social e ambiental.

Vale ressaltar que esses valores, por serem universais, sofreram poucas alterações ao longo da existência centenária da Gerdau, sendo que a mais recente atualização se deu no marco das comemorações dos 110 anos da empresa, em 2011. Isso comprova que é possível compartilhar valores independentemente da cultura de cada país, o que pode se traduzir, de forma resumida, em uma cultura empresarial única. Compartilhar os mesmos valores, portanto, significa criar um salutar espírito de corpo entre os colaboradores, de modo a permitir a boa condução dos negócios, reconhecendo as nuances culturais de cada país. Em outras palavras, cultura empresarial única não significa – em absoluto – imprimir um processo de "colonização corporativa".

Entretanto, converter os valores em uma linguagem que ultrapasse o âmbito dos mais de 45 mil colaboradores da empresa implica estendê-los a sua comunicação com, no mínimo, estes quatro grandes grupos de públicos de interesse: clientes, fornecedores, acionistas e comunidades. Pela diversificação geográfica da Gerdau, sua atuação nas comunidades envolve o entorno de suas 389 unidades industriais e comerciais, considerando usinas produtoras de aço, unidades de mineração, usinas hidrelétricas, terminais portuários e unidades de captação e processamento de matérias-primas.

Nesse sentido, há um importante diferencial a ser reforçado: a sustentabilidade econômica, social e ambiental. Cerca de 75% do aço produzido pela Gerdau vêm do processamento da sucata ferrosa, mais conhecida popularmente como "ferro-velho". Mais de 15 milhões de toneladas do material são retirados das cidades por ano, posicionando a empresa como a maior recicladora da América Latina.

A utilização dessa matéria-prima reduz o volume de material depositado em aterros e locais inadequados, evitando o risco de contaminação do solo. Além disso, diminui o consumo de energia e de outros insumos no processo produtivo do aço e minimiza as emissões de CO_2. Ademais, a coleta e o processamento de sucata produzem empregos ao longo de uma extensa cadeia de pequenos, médios e grandes empreendedores que se dedicam a essa atividade.

Países diferentes, posicionamento único de marca

O ato de verter os valores Gerdau em um posicionamento de marca único implicou várias fases de grande mobilização das lideranças da organização. A marca alinhada, com posicionamento único, é um importante veículo de integração e engajamento dos colaboradores aos valores da empresa, multiplicando-se com clientes, fornecedores, governos, acionistas e comunidades.

Com apoio da Landor Associates e do braço brasileiro da Ogilvy, o projeto de busca e implantação da marca envolveu pesquisas com *stakeholders* em vários países nos quais a Gerdau está presente, bem como análises de *benchmarking* e estudos que resultaram no lançamento do novo logotipo da empresa em 17 de maio de 2011, durante as comemorações dos 110 anos ocorridas simultaneamente em 14 países.

As premissas estabelecidas para o projeto de posicionamento da marca ressaltaram a nomenclatura em apenas um nível de marca: *One brand, one name*. Em outras palavras, a empresa passou a adotar mundialmente somente a marca Gerdau, subtraindo as outras marcas que historicamente foram sendo agregadas a seu nome por conta de aquisições e fusões de empresas anteriores. Alguns exemplos são a Gerdau Laisa, no Uruguai, e a Gerdau Ameristeel, nos Estados Unidos e no Canadá, que passaram a denominar-se simplesmente Gerdau. Somente no ano de 2011, o logotipo da empresa ainda conviveu com um selo comemorativo aos 110 anos da empresa, fazendo alusão à fachada estilizada da fábrica de pregos que lhe deu origem.

Figura EC 2.3 – Histórico do logotipo

1940   1970   1976   Desde 1987

Novo logo a partir de 2011

Selo Comemorativo 110 anos

Fonte: Cedida pela Gerdau.

A implantação desse processo, que abrangeu todos os países em que a Gerdau opera seus negócios (exceto em *joint ventures*), foi realizada com base na utilização de um "kit mínimo" do novo logotipo, priorizando a aplicação em totens, capacetes, cartões de visitas e outras formas visuais, juntamente com a implantação de mensagens que davam significação às mudanças e favoreciam promovê-las perante os colaboradores, clientes, fornecedores, comunidades, governos, entre outros públicos de interesse. Além de maior eficiência nos investimentos, o "kit mínimo" também privilegiou o uso consciente dos recursos, sem desperdícios.

Figura EC 2.4 – Capacete dos colaboradores; um dos itens do "kit mínimo" de priorização da aplicação do novo logotipo

Fonte: Cedida pela Gerdau.

A transição para a marca única Gerdau foi realizada seguindo uma árvore de decisão (em inglês, *decision tree*). Com base em vários fatores que analisam a reputação da marca local, foi tomada a decisão de fazer sua mudança imediata ou de ver se era necessária uma transição utilizando o nome original com Gerdau como *co-brand*.

O logotipo é apenas a ponta de um iceberg que contempla todo um posicionamento de marca global e único junto aos públicos de interesse. Em total consonância com os valores da empresa e com base em pesquisas globais com as lideranças internas e os principais públicos de interesse, concluiu-se que o posicionamento Gerdau deveria se fundamentar nos seguintes "pilares da marca" (em inglês, *brand beliefs*):

Comunicação em interface com cultura

Figura EC 2.5 – Posicionamento: Win/Win

Posicionamento: Win/Win
O sucesso da Gerdau está relacionado ao sucesso dos seus stakeholders

---

Paixão
A Gerdau tem paixão por aço e pelo papel que ele desempenha no mundo inteiro.

Excelência
A Gerdau busca a excelência em todos os aspectos do seu negócio. Desde a qualidade dos produtos até a entrega ao cliente, o melhor nunca será "bom" o suficiente.

Face-to-Face
Relacionamentos são o coração dos negócios que fazemos, que estão baseados na confiança e na comunicação próxima que mantemos com o público.

Sustentabilidade
Nós acreditamos que a responsabilidade social, o respeito ao meio ambiente e o desenvolvimento econômico fundamentam um forte compromisso entre a Gerdau e os seus acionistas, clientes, fornecedores, colaboradores e comunidades nas quais atuamos.

Dinamismo
A Gerdau é ágil e está apta a responder às diferentes demandas do mercado. Estamos atentos a tudo o que acontece dentro e fora da empresa e, dessa forma, preparados para enfrentar mudanças.

Fonte: Cedida pela Gerdau.

Se externamente somos apenas uma Gerdau, as necessidades internas de diferenciação entre as várias operações de negócios foram supridas por meio de um sistema de três letras, inspirado nas siglas que formam a designação global de aeroportos. Com isso, as nomenclaturas internas foram firmadas de forma clara, objetiva e autodedutiva. A primeira letra sempre é "G", de Gerdau. A segunda segue a natureza da operação do negócio, sempre na língua inglesa, como no caso de Aços Especiais (em inglês, _special steel_). A terceira letra diz respeito à localização geográfica da operação. Assim, a operação europeia de Aços Especiais da Gerdau passou a ter a sigla GSE, sendo G = Gerdau; S = Special Steel; e E = Europe.

O processo de difusão do posicionamento global também foi transmitido, por meio de treinamentos internos, às consultorias e agências de comunicação que formam a rede de fornecedores da Gerdau nos vários países em que atua. Nessas capacitações, buscou-se traduzir as conexões e valores dos pilares da marca para a voz da marca, definindo quais mensagens deveríamos transmitir de forma a aprimorar a consistência do discurso em todas as nossas interações com os públicos de interesse.

Todo o processo de implantação do novo posicionamento da marca se realizou por meio de manuais, disponibilizados a todos os colaboradores, via intranet, treinamentos, reuniões *face-to-face* e treinamentos de ensino a distância.

Figura EC 2.6 – Manuais da marca

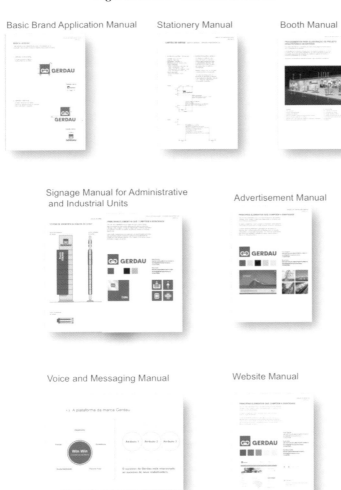

Fonte: Cedida pela Gerdau.

Não se gerencia o que não se consegue medir

Essa máxima segue o princípio da tecnologia de gestão consagrada pelo Círculo de Deming: Plan, Do, Check and Act (PDCA), imortalizado pelo professor norte-americano W. Edwards Deming, sobre como alcançar melhorias por meio da aplicação dos aprendizados obtidos ao longo dos processos.

Em todos os processos da Gerdau, sejam eles funções fim, sejam eles funções meio, o PDCA é aplicado. Esse é um instrumento que forma o Gerdau Business System (GBS), o sistema de gestão da Gerdau que, definido em conjunto com as Operações de Negócios, consolida e transfere melhores práticas por meio de processos padronizados. Dessa forma, os resultados globais são potencializados e a Gerdau torna-se uma empresa cada vez mais integrada e competitiva.

Em Comunicação e Assuntos Institucionais, após a estruturação do *balanced scorecard*, se fez necessário a busca de *key performance indicators* (KPIs) para dar sustentação ao gerenciamento de processos, seja no relacionamento com a imprensa ou na aplicação da marca em um anúncio publicitário, entre outras atividades.

A ausência de indicadores consagrados em processos de comunicação e gestão da reputação motivaram a busca por *benchmarks* em grandes multinacionais com complexidade e escopo globais, semelhantes à Gerdau, e em agências internacionais de *public relations* que desenvolveram seus próprios indicadores.

Após o mapeamento e análise das necessidades específicas da Gerdau, a empresa desenvolveu indicadores para gestão da imagem, como o – Índice Gerdau na Imprensa (IGI) e o Índice Gerdau de Marca (IGM), com foco na qualidade da exposição da Gerdau na mídia. O indicador, aplicado após um ano de desenvolvimento e estruturação, baseia-se nos pontos apresentados a seguir.

> » Monitoramento e avaliação de matérias veiculadas em 598 veículos internacionais, nacionais, regionais e locais, entre revistas, jornais, agências de notícias e sites da internet, em dez países: Argentina, Brasil, Canadá, Chile, Colômbia, Espanha, Estados Unidos, México, Peru e Uruguai.

> » Ponderação por teor, formato, tamanho e destaque da notícia.

> » A pontuação de cada veículo de imprensa considera sua circulação e relevância para o setor e para a empresa, bem como sua repercussão nas comunidades em que as plantas da Gerdau estão localizadas.

» Cada matéria negativa tem peso 2 perante uma positiva de mesmo grau de importância.

» Avaliação da menção das palavras-chave do guia de *Voz e mensagem*[1] em matérias jornalísticas.

» O índice não contempla artigos pagos – prática não utilizada pela Gerdau, globalmente.

» Avaliação das notícias de acordo com o conteúdo, a forma, o tamanho e o destaque.

» Não há notícias neutras.

A análise é precedida de uma avaliação e classificação dos veículos de imprensa mais importantes na cobertura de temas que envolvem a atividade da Gerdau em cada país, conforme apresentado na figura a seguir.

Figura EC 2.7 – Peso das publicações

Fonte: Cedida pela Gerdau.

---

[1] *Voz e mensagem* é um guia em que se aprofundam os Pilares da Marca Gerdau mencionados no texto (paixão, excelência, *face-to-face*, sustentabilidade e dinamismo), para aplicação prática em todas as mensagens voltadas aos diferentes *stakeholders* (clientes, colaboradores, acionistas e comunidades).

O resultado é uma mensuração mensal que reflete o impacto das mensagens da empresa nas comunidades em que a empresa atua, como no exemplo mostrado na figura a seguir.

Figura EC 2.8 – Índice Gerdau na Imprensa (IGI)

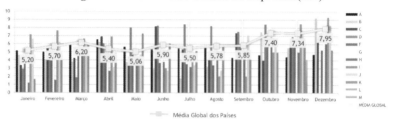

Índice Gerdau na Imprensa:
- 598 veículos: revistas, jornais, agências de notícias e websites.
- 11 países: Brasil, Estados Unidos, Canadá, Chile, Colômbia, Espanha, Peru, Argentina, México, Uruguai e Índia.
- Operações no Brasil e GLN possuem peso superior na média ponderada global.
- Ponderação por circulação, teor, formato, tamanho, destaque e influência.
- Cada matéria negativa tem peso dois perante uma positiva de mesmo grau de importância.
- Ponderado de frequência: minimo por mês.
- Avalia menção das palavras chave do guia de Voz e Mensagem em matérias jornalísticas.

Escala de avaliação

Alta/Excelente	> de 7
Forte/Robusta	6 – 6,9
Mediana/Moderada	5 – 5,9
Fraca/Vulnerável	3 – 4,9
Baixa/Ruim	< de 3

Fonte: Cedida pela Gerdau.

À medida que cada vez mais consolidamos e aprimoramos nossos indicadores de desempenho, temos a convicção de que mensurar os resultados é imprescindível para garantir a uniformidade das mensagens da empresa perante seus *stakeholders*, implantando melhorias e ajustando rotas em uma dinâmica gestão do complexo processo de comunicação. No caso da Gerdau, presente em 14 países, combinar diretrizes e práticas simultaneamente globais e locais foi uma premissa fundamental nos processo de construção e consolidação de indicadores. Ao mesmo tempo em que respeita e considera as particularidades culturais das regiões em que atua, a empresa busca assegurar a credibilidade de sua imagem, contribuindo para a consolidação de uma reputação global forte.

ROTEIRO PARA ANÁLISE DA FACE

Marlene Marchiori

O Grupo de Estudos Comunicação e Cultura Organizacional (Gefacescom),[1] cadastrado no CNPq, nasceu em 2003 na Universidade Estadual de Londrina (UEL).

Um dos maiores desafios organizacionais da atualidade concentra-se, primeiramente, em sua instância interna. Cada organização é única, assim como é o ser humano, com sua cultura peculiar, seus valores, sua forma de ser e ver o mundo. Somos testemunhas de que as organizações são compostas essencialmente de pessoas e sabemos que são elas que fazem, que arquitetam, que realizam e que constroem autenticidade nos relacionamentos. O desvelar das faces da cultura e da comunicação organizacional instiga o conhecimento desses ambientes, em seus processos, práticas, estruturas e relacionamentos.

O Gefacescom, ao desenvolver pesquisas teóricas sobre a temática, identificou que os estudos poderiam ir muito além do entendimento da cultura como visão, missão e valores nas organizações. Assim, desvendou e identificou diferentes faces, que possibilitam o conhecimento das realidades organizacionais, com linguagem e conteúdo próprios, sendo inter-relacionadas com a perspectiva de análise da cultura e da comunicação organizacionais. Um roteiro com sugestões de perguntas, adaptável para a análise de cada estudo temático, pode orientar o desenvolvimento

---

[1] Disponível em: <http://www.uel.br/grupo-estudo/gefacescom>. Acesso em: 16 set. 2013.

de trabalhos nesse campo específico e em seus relacionamentos. O roteiro pode ainda fazer crescer o nível de questionamentos ao explorar, mais detalhadamente, as diferentes faces, de acordo com a realidade observada na organização estudada, fazendo emergir possibilidades de estudos que revelem interfaces e novas faces.

Nos volumes da coleção *Faces da cultura e da comunicação organizacional* encontram-se diferentes roteiros, totalizando mais de setecentos questionamentos.

Agradecemos a participação dos alunos de iniciação científica do Gefacescom, dos pesquisadores colaboradores Regiane Regina Ribeiro e Wilma Villaça e dos colegas Fábia Pereira Lima, Leonardo Gomes Pereira e Márcio Simione que, com seus conhecimentos sobre campos específicos, colaboraram no desenvolvimento dos roteiros.

Comunicação como processo

1. Identifique um processo de comunicação em um ambiente e observe os relacionamentos. Há troca entre emissores e receptores? O receptor é emissor em dado momento e em seguida esse mesmo receptor torna-se novamente receptor?

2. A comunicação como processo modifica os relacionamentos?

3. Observe se o emissor se desprende da prerrogativa de ser emissor, sendo em outro momento receptor, voltando em seguida a ser o emissor. Há construção coletiva de um processo?

4. Na comunicação como processo, observa-se a comunicação em movimento contínuo. Discorra sobre esse processo, detalhando como esse ciclo conversacional acontece.

5. Qual é o objeto de estudo da comunicação como processo?

6. O que são pessoas em relacionamento?

7. Qual é o significado quando se pensa em comunicação interacional?

8. Como se dão os processos interacionais?

9. O que caracteriza esses processos? Há construção de significado compartilhado nesses relacionamentos?

10. As pessoas se desprendem de suas concepções e constroem em conjunto uma estratégia antes não pensada?

11. Como os sentidos se constroem nos ambientes organizacionais? A presença de uma pessoa indivíduo em relação à outra é condição para essa construção?

12. Como os sentidos são construídos pelas pessoas? Exemplifique.

13. Quais são os processos que ocorrem no momento seguinte à construção de sentido?

14. Há o entendimento claro sobre o modelo linear de comunicação (o que mantém as pessoas informadas) e o modelo interacional de comunicação (no qual as pessoas criam os processos) nessa organização?

15. Quais situações exemplificam esses modelos?

16. Que características os diferenciam?

17. Em que situações esses modelos emergem?

18. Pode-se afirmar que a comunicação nessa organização é construtora das realidades?

19. Pode-se afirmar que a comunicação nessa organização é disseminadora das informações?

Comunicação e interação

20. O que você entende por interação?

21. De que forma a organização age para estimular processos de interação?

22. Como se dão os processos de interação nessa organização?

23. Como atuar para que o processo de interação não se restrinja à ação e reação?

24. A interação nas organizações deve acontecer por meio de um sistema aberto, ou seja, com trocas entre o sistema e o ambiente. Que tipo de abertura é dada pela organização para favorecer estas trocas?

25. Qual é o nível dos relacionamentos presentes na organização? Elas são mais unilaterais ou circulares?

26. Os empregados se sentem integrados com o processo de comunicação da organização?

27. A cultura da organização favorece processos de interação ou atua como limitadora deste processo? De que maneira?

28. Quais são os estímulos dados à interação mútua frente à interação reativa?

29. As novas tecnologias integradas à organização favorecem o processo de interação ou geram isolamento?

30. O processo de interação na organização baseia-se em roteiros predefinidos?

31. Você acredita que processos de interação possam contribuir para o fortalecimento da organização?

Diálogo

32. O que a organização entende por diálogo? Como se dá esse processo na organização?

33. Como você vê o envolvimento das lideranças no processo de diálogo em todos os níveis organizacionais?

34. Quais são os benefícios que o diálogo fomenta para a cultura organizacional?

35. A organização possibilita o diálogo por meio de estratégias comunicacionais? Em caso positivo, por quais?

36. A organização oferece algum meio (conversas pessoais, reuniões, confraternizações) que facilite e estimule o diálogo entre todos os níveis do organograma institucional?

37. Existe a preocupação da organização com o surgimento de ruídos comunicacionais que atrapalhem o diálogo efetivo?

38. Em que níveis da organização o diálogo é estimulado?

39. O diálogo é utilizado como ferramenta estratégica para viabilizar as ações organizacionais?

40. O diálogo é trabalhado de maneira formal ou informal pela organização?

41. Como os colaboradores se utilizam do diálogo em seus relacionamentos internos na organização?

42. Qual é a dimensão do diálogo no processo de tomada de decisão?

43. Como você avalia o diálogo na organização? De forma positiva ou negativa? Por quê?

44. Como você avalia um diálogo bem estruturado?

Informação e comunicação

Para que a comunicação ocorra nos ambientes, é fundamental identificar a atitude da pessoa em relação àquele processo. A informação é a matéria-prima do processo de comunicação que ocorre entre um receptor e um emissor, mas, sem o feedback, ela não se materializa.

45. O que você entende por informação?

46. Para você, qual é a diferença entre informação e comunicação?

47. Qual é sua definição sobre um sistema de informação?

48. O que você define por comunicação em uma organização?

49. Você tem objetivos ou políticas de comunicação definidos na organização?

50. Os objetivos ou as políticas de comunicação são formalizados? De que forma?

51. A comunicação influencia os processos da organização? Como isso ocorre?

52. Quais os níveis de comunicação existentes na organização?

53. Existe um processo de comunicação que integre as diferentes áreas da organização? Como ocorre?

54. De que maneira uma pessoa se comunica com outra em diferentes realidades organizacionais?

55. Como os relacionamentos entre as pessoas afetam umas às outras? As trocas de informações entre as diferentes realidades da organização viabilizam o crescimento para a própria organização? Como você identifica se a organização cresce com esse intercâmbio de informações?

56. Como as redes de comunicação são alimentadas para que o fluxo se mantenha?

57. A organização utiliza algum equipamento tecnológico ou processo de gerenciamento das informações?

Comunicação estratégica

58. Qual é o valor da comunicação na organização?

59. Pense sobre a gestão da comunicação na organização e reflita sobre os questionamentos apresentados.

» Você diria que a comunicação funciona como suporte para outras áreas? A informação é tratada para que as pessoas possam por meio da comunicação tomar conhecimento do que vem ocorrendo na organização? Explique esse processo.

» Você diria que a comunicação trabalha em conjunto com outras áreas, em uma capitalização sinérgica dos objetivos e esforços globais da organização?

» Você diria que a comunicação é tida como estratégica, ou seja, orienta os processos e as decisões na organização, direcionando os processos organizacionais?

60. A comunicação é planejada ou as ações são elaboradas e executadas de acordo com o surgimento de necessidades?

61. As ações de comunicação são balizadas por técnicas de pesquisa?

62. São realizadas reuniões de avaliação da comunicação estratégica da organização? Quando são elaboradas novas posturas organizacionais de comunicação?

63. A comunicação contribui para a efetivação dos objetivos da organização? Em que nível (imagem, resultados econômicos, relacionamento e integração, norteamento das decisões, outros)? Quais instrumentos e estratégias são utilizados para alcançar essa efetivação?

Processos de comunicação

64. O que você entende por processo de comunicação?

65. Você sabe quais são os elementos básicos desse processo?

66. Descreva como funciona o processo de comunicação em sua organização: emissor, mensagem, canal, receptor e feedback.

67. Você acredita que a organização como fonte emissora de informações, atende às expectativas de seus públicos ou considera que deve melhorar em algum aspecto?

68. Ao codificar a informação a ser comunicada, quais são os códigos utilizados normalmente?

69. Você acredita que os veículos utilizados são adequados para a mensagem que se deseja comunicar?

70. Você acredita que esses canais selecionados facilitam a decodificação, ou seja, a compreensão da mensagem por parte dos públicos da organização?

71. Como você faz para avaliar se as expectativas dos receptores da mensagem, ou seja, dos públicos da organização, estão sendo atendidas? É feita alguma ação para avaliar o feedback?

72. Existe algum tipo de barreira para que a comunicação não flua de forma saudável? Em caso afirmativo, descreva essa(s).

73. Como a organização avalia seu processo de comunicação? Você acredita que esse está adequado ou precisa de alterações? Neste último caso, descreva quais.

Comunicação interna

74. A organização trabalha a comunicação interna? Em caso afirmativo, de que forma? Em caso negativo, por quê?

75. Como a comunicação interna é planejada?

76. O que fundamenta a comunicação interna e seus relacionamentos?

77. O que a organização entende por comunicação interna? E para você, o que é comunicação interna?

78. Qual é o grau de importância que a organização credita para os processos de comunicação interna?

79. A comunicação interna promove a existência de canais claros e abertos em todos os níveis da organização?

80. Você acredita que esses canais são úteis para a obtenção de um maior comprometimento dos funcionários e a realização de objetivos organizacionais e coletivos?

81. Quais são os pontos fortes e fracos da comunicação interna?

82. A comunicação interna praticada pela organização privilegia a interação social? Em caso afirmativo, descreva de que forma?

83. A comunicação disponibiliza acesso à voz por meio de práticas democráticas e participativas? Em caso afirmativo, descreva como isso ocorre.

84. Quais são os canais utilizados pela organização para o estímulo da comunicação interna?

85. De que maneira os relacionamentos entre as pessoas são conduzidos nesta organização?

86. Quais comportamentos são aprovados?

87. E quais comportamentos são reprovados?

88. Como se dão os relacionamentos internos em nível de interação? (É fundamental deixar claro o conceito de interação para os entrevistados.)

89. Quais são as ferramentas utilizadas para a busca de interação entre os departamentos?

90. E para os relacionamentos internos em nível de comunicação?

91. Se falarmos em influência interpessoal, como se processam os relacionamentos?

92. Se considerarmos o nível de interação entre os grupos, como se processa esse relacionamento?

93. De que maneira os relacionamentos afetam a formação da cultura organizacional?

94. Existe diferença notória entre os diferentes níveis organizacionais em relação à circulação de informação e à comunicação na organização?

95. Há diálogo na organização? A organização o estimula?

96. Como o diálogo ajuda ou melhora a comunicação interna?

97. De que maneira o diálogo vem sendo conduzido? Ele é estimulado pelos líderes ou por todos os funcionários da organização?

98. Como a organização possibilita a participação das pessoas no processo decisório?

99. A participação é valorizada pela organização?

Toda organização se modifica com suas experiências. Portanto, é possível afirmar ser fundamental na organização a abertura para novas experiências, o que possibilita a troca de conhecimento entre as pessoas e consequentemente entre os grupos. Para nós pesquisadores, a comunicação tem como função a produção de conhecimento.

100. Diante dessa perspectiva, você considera que em sua organização a comunicação assume esse papel estratégico? Discorra a respeito.

101. Em sua opinião, a postura estratégica da comunicação em sua organização contribui para a atribuição de significados, tornando-se mais eficaz. Discorra.

102. Você acredita que o processo de comunicação – sob a perspectiva de construção de significados – é responsável por formar a cultura de uma organização?

» Em caso afirmativo, como?

» Em caso negativo, por quê?

103. Como a comunicação colabora com a construção da cultura da organização?

104. Considerando a realidade diária vivenciada pela organização, você diria que há divisão marcante entre os departamentos? Chega-se a valorizar uma área em detrimento de outra?

105. Você nota a presença de subculturas organizacionais? Em caso afirmativo, onde estão localizadas?

106. Se presentes, as subculturas estão em conflito ou em harmonia com a cultura dominante?

107. Mesmo havendo subculturas, em momentos decisivos a cultura organizacional é quem domina, ou seja, prevalece no comportamento das pessoas da organização?

108. Para você, qual é a função da comunicação interna em uma organização?

109. Qual é o papel que a comunicação interna desempenha na organização?

110. Como a eficácia da comunicação interna é avaliada na organização? Por quais mecanismos?

111. O que você entende por comunicação administrativa?

112. A organização trabalha com a comunicação administrativa? Em caso afirmativo, de que forma?

113. Você acredita que a comunicação facilita o processo administrativo? Em caso afirmativo, como?

114. Como você vê a comunicação praticada pela organização? Ela é mais oral ou escrita?

115. Se oral: o que você considera mais importante em relação ao "ouvir" na organização?

116. Se escrita: quais são os veículos? Como se processa a comunicação entre as pessoas?

117. Existem barreiras de comunicação na organização (pessoais, administrativas, excesso e sobrecarga de informações, e informações incompletas e parciais)?

118. Quais são as barreiras que geralmente o impedem de prestar atenção na fala de alguém?

119. Existe algum método ou processo para diminuição das barreiras da comunicação? Em caso afirmativo, descreva os processos que são desenvolvidos. Relate sua experiência.

120. Em relação aos fluxos de comunicação a seguir, defina de que maneira se processa a comunicação.

» Descendente: alta administração para os funcionários.

» Ascendente: dos demais funcionários para a alta administração.

» Horizontal: entre pessoas do mesmo nível hierárquico.

» Transversal: em todas as direções.

121. Existe um fluxo que prevalece mais que o outro na organização?

122. Se descendente, você considera a comunicação da organização extremamente formalizada?

123. Como a comunicação administrativa é avaliada pela organização?

124. Quais são os pontos fortes da comunicação administrativa?

125. Quais são os pontos fracos da comunicação administrativa?

126. Em relação à comunicação administrativa, você a considera eficiente? Qual é sua opinião sobre a comunicação administrativa realizada na organização?

127. Qual caminho você vê para melhorar a comunicação administrativa?

Rede de comunicação: formal e informal

128. Como se processa a rede formal na organização? Cite exemplos.

129. Como você avalia a comunicação formal?

130. Qual é a validade do sistema de comunicação formal?

131. Você diria que a comunicação formal é eficaz para a organização? Como?

132. Você acredita que a comunicação formal facilita a existência da comunicação informal?

133. O que pode ser considerado como vantagens da comunicação formal?

134. E quais são os aspectos negativos?

135. E em relação à comunicação informal, como essa é vista na organização?

136. Qual é seu conceito?

137. De que forma a rede informal "acontece" na organização?

138. Existe algum mecanismo de controle da rede informal?

139. Avalie a comunicação informal da organização e o quanto é valorizada pelas pessoas.

140. Quais são as vantagens da comunicação informal?

141. Você vê aspectos negativos na comunicação informal? Em caso afirmativo, quais?

142. A organização valoriza a rede informal? Em caso afirmativo, de que forma?

143. Considere as duas redes de comunicação. Qual delas tende a ser mais utilizada na organização e em quais situações?

Veículos de comunicação

144. A organização conta com veículos de comunicação interna?

145. Em caso afirmativo, esses são gerais ou segmentados?

146. Quais as abordagens que esses veículos priorizam?

147. Especifique o veículo e sua respectiva abordagem.

148. Qual é a função real dos veículos de comunicação?

149. Como são levantadas as informações que são divulgadas nos veículos?

150. O veículo causa alguma expectativa nos públicos? Em caso afirmativo, quais?

151. Além do (cite um dos veículos da organização), quais são os outros veículos de comunicação?

152. Você considera esse meio indispensável? Por quê?

153. Como esses são avaliados?

154. Quais são os veículos que a organização prioriza no processo de comunicação face a face?

Comunicação face a face: conversa, diálogo, entrevistas, reuniões, palestras, encontros com o presidente face a face, comitês.

155. Identifique os veículos face a face praticados na organização e comente sobre eles.

156. Quais são os objetivos no uso de veículos de comunicação face a face?

157. Identifique os veículos escritos: material informativo impresso, como cartas, circulares, quadro de avisos.

158. Identifique os veículos simbólicos: insígnias, bandeiras, flâmulas e outros sinais que se classificam tanto como visuais quanto auditivos.

159. Identifique os veículos audiovisuais: vídeos institucionais e de treinamento, avaliando seu nível de utilização.

160. Você sente a necessidade de outro meio de comunicação? Em caso afirmativo, de qual?

161. Existe algum meio que obtém maior resultado que outro? Como isso é medido?

162. De que forma os meios utilizados possibilitam a interação com os demais públicos da organização (metáfora do fio condutor)?

Comunicação institucional

163. O que você entende por comunicação institucional (relacionada à imagem e à identidade corporativa)?

164. Como está estruturada a comunicação institucional e de que maneira ela é desenvolvida?

165. Quais são os objetivos desse tipo de comunicação para a organização?

166. Há públicos que são priorizados nesse processo? Em caso afirmativo, quais? Por que motivo?

167. De que forma as estratégias abrangem os públicos estratégicos?

168. A organização considera a opinião dos públicos para a determinação das estratégias?

169. De que forma os públicos tomam conhecimento dessa atitude organizacional?

170. Fale sobre os programas e projetos que englobam esse tipo de comunicação.

171. Você acredita que as ações estão alcançando os objetivos propostos pela organização?

172. Para você, a comunicação institucional é vista como um instrumento de transmissão (metáfora do fio condutor)? Comente essa questão.

173. Quais são os pontos fortes e os pontos fracos desse tipo de comunicação?

174. De que maneira a comunicação institucional tem contribuído para a formação da identidade organizacional?

Comunicação mercadológica

175. O que você entende por comunicação mercadológica?

176. Como é desenvolvida a comunicação mercadológica na organização?

177. Que medidas foram adotadas para desenvolver a comunicação mercadológica dentro da organização?

178. Quais são os objetivos da comunicação mercadológica?

179. Quais são os públicos trabalhados pela comunicação mercadológica?

180. A organização identifica as expectativas de seus públicos em relação à comunicação mercadológica? De que maneira ela mapeia o desejo e as necessidades dos clientes, por exemplo?

181. Quais são as ações (projetos e programas) aplicadas?

182. Você acredita que a comunicação mercadológica está alcançando os objetivos traçados?

183. Aponte os pontos fortes e os pontos fracos da comunicação mercadológica.

184. Como a comunicação mercadológica trabalha a imagem da organização?

Impressão	Corprint Gráfica e Editora Ltda.
	Rua Augusto Piacentini, 454
	São Paulo, SP

*Esta obra foi impressa em offset 75 g/m² no miolo,
cartão 250g/m² na capa e no formato 16cm x 23cm.*

Novembro de 2013